RECUEIL

DES

PENSÉES DE M. JOUBERT.

RECUEIL

DES

PENSÉES DE M. JOUBERT.

Paris.

IMPRIMERIE LE NORMANT, RUE DE SEINE, N° 8.

1838.

Paris, 8 septembre 1838.

J'ai lu ces mots dans les fragmens de M. Joubert : « Le ver à soie file ses coques, « et je file les miennes ; mais on ne les « dévidera pas. »

Si ; je les ai dévidées : j'ai séparé les sujets confondus sur des chiffons de papier : toutefois je n'ai pas trop multiplié les *titres*, pour laisser au *penseur* une partie de la variété de ses pensées. On verra par la beauté de ces pages ce que j'ai perdu et ce que le monde a perdu. On peut ne pas être de l'avis de Joubert ; mais voulez-vous connaître la puissance de son génie ? Jamais *pensées* n'ont excité de plus grands doutes dans l'esprit, n'ont soulevé de plus hautes questions et préoccupé davantage. La veuve de M. Joubert n'a fait imprimer les méditations de son mari que pour elle ; elle aurait craint, en les publiant, d'offenser la gloire qui a tant recherché l'obscurité. Mme Joubert m'a chargé de rendre les derniers devoirs à l'âme de mon ami. Il y a déjà quatorze ans que j'ai accompagné le corps de cet ami au dernier asile : les pensées de M. Joubert vont reposer dans la vie, comme ses cendres reposent dans la mort.

On trouve dans mes ouvrages une lettre

en date de Turin, 17 juin 1803, adressée à M. Joubert; l'*Essai sur la Littérature anglaise* renferme quelques détails relatifs à mon ami, et j'avais écrit dans le *Journal des Débats*, le 8 mai 1824, ce peu de lignes au moment où le rare et excellent homme venait de quitter la terre :

JOURNAL DES DÉBATS, 8 mai 1824.

« M. Joubert aîné, conseiller honoraire
« de l'Université, et le plus ancien ami de
« M. de Fontanes, vient de mourir. Né
« avec des talens qui l'auraient pu rendre
« célèbre comme son illustre ami, il a pré-
« féré passer une vie inconnue au milieu
« d'une société choisie; elle a pu seule l'ap-
« précier. C'était un de ces hommes qui
« attachent par la délicatesse de leurs sen-
« timens, la bienveillance de leur âme,

« l'égalité de leur humeur, l'originalité de
« leur caractère, par un esprit vif et éclairé,
« s'intéressant à tout et comprenant tout.
« Personne ne s'est plus oublié et ne s'est
« plus occupé des autres. Celui qui déplore
« aujourd'hui sa perte ne peut s'empêcher
« de remarquer la rapidité avec laquelle
« disparaît le peu d'hommes qui, formés
« sous les anciennes mœurs françaises,
« tiennent encore le fil des traditions d'une
« société que la révolution a brisée. M. Jou-
« bert avait de vastes connaissances ; il a
« laissé un manuscrit à la manière de Pla-
« ton, et des matériaux historiques. On ne
« vit dans la mémoire du monde que par
« des travaux pour le monde ; mais il y a
« d'autres souvenirs que l'amitié conserve,
« et elle ne fait ici mention des talens litté-
« raires de M. Joubert, qu'afin d'avoir le
« droit d'exprimer publiquement ses re-
« grets.

« CHATEAUBRIAND. »

PENSÉES

DE

M. JOUBERT.

―――⋆―――

N° I.

DIEU. AME. CIEL. RELIGION. NATURE ET IDÉES RELI-
GIEUSES. CHOSES DIVINES. FOI. CULTE. SAINTETÉ.
PIÉTÉ. DÉVOTION. VÉRITÉ. THÉOLOGIE. ÉTERNITÉ.
IMMORTALITÉ. BONHEUR. VIE ET MORT. PÉNITENCE.
PRÊTRES ET PHILOSOPHES. PAPAUTÉ. MORALE. PITIÉ.
FÊTES. RÉGIONS INTELLECTUELLES. ESPRIT, etc., etc.

―――――

Dieu! intelligence et amour qui embrasse le monde; il nous paie de notre espérance, et y sourit; il ne se contente pas de voir, il est vu. Quelqu'un le voit; les anges? et pourquoi pas aussi les âmes? Dieu se plaît à être connu.

Dieu a fait le monde : et quand il ne l'aurait pas fait, et qu'il n'aurait fait que nos âmes? Ce n'est pas l'auteur de tout, c'est le créateur des esprits, le maître de nos destinées que nous sommes surtout enclins et obligés à adorer.

Le monde est sorti de l'esprit de Dieu, comme une belle statue de bronze ou de marbre sort du moule ou de la tête du sculpteur.

La justice de Dieu n'est pas de ce monde.

Les matérialistes abusent des abstractions plus encore que les plus subtils spiritualiste, et tout au moins avec une inconséquence qu'on ne peut reprocher à ceux-ci. Voyez, par exemple, l'idée qu'ils attachent à leurs mots : nature, matière, le tout !

« Nous sommes, dit l'Imitation, ce que nous « sommes devant Dieu. »

Nous sommes ce que Dieu nous voit, et toutes choses sont ce que Dieu les voit.

Rien ne peut être beau dans la matière que

par l'impression de la pensée ou de l'âme, excepté la lumière, belle par elle-même, ou plutôt par l'impression de son principe immédiat, qui est Dieu.

Le dieu de la métaphysique n'est qu'une idée; mais le Dieu des religions, le créateur du ciel et de la terre, le juge souverain des actions et des pensées, est une force.

Dieu est né de Dieu, comme l'image naît de l'objet dans un miroir.

S'il n'est pas nécessaire de croire tout ce que les religions enseignent, il serait beau du moins de faire tout ce qu'elles prescrivent.

L'univers obéit à Dieu, comme le corps obéit à l'âme qui le remplit.

Dieu dédaigne la conduite du monde physique, il l'a livré à son cours et à ses ressorts; mais il s'est réservé les âmes.

C'est le sacerdoce, c'est-à-dire un état où il y avait beaucoup de méditation et de loisir, qui donna à la littérature hébraïque son existence et sa perfection.

Des yeux levés au ciel sont toujours beaux, quels qu'ils soient.

Aimer Dieu et se faire aimer de lui, aimer nos semblables et se faire aimer d'eux, voilà la morale et la religion ; dans l'une et dans l'autre, l'amour est tout : fin, principe et moyen.

La foi empêche l'homme de livrer son esprit à beaucoup de soins inutiles : elle le détourne de tenter ce qui est impossible.

Dieu multiplie l'intelligence, qui se communique comme le feu à l'infini. Allumez mille flambeaux à un flambeau, allumez-en un million, sa flamme demeure la même.

Dieu. L'enfant le croit semblable à l'homme ; l'homme exercé le croit semblable à la lumière, ce qui est un bien petit progrès.

Aucun homme peut-être n'imagina seul

plusieurs dieux à la fois; mais chacun ayant admis avec le sien le dieu de son voisin, le polythéisme s'établit. Il y eut plusieurs dieux, parce qu'il y avait eu plusieurs peuples.

Heureux ceux qui ont une lyre dans le cœur, et dans l'esprit une musique qu'exécutent leurs actions! Leur vie entière aura été une harmonie conforme aux noms éternels.

Il y a mille occasions où le ciel ne veut pas que l'évidence nous arrête.

Rien que de beau et de céleste n'entrera jamais dans le ciel.

Les prêtres sont les meilleurs amis et les meilleurs conseils qu'on puisse avoir.
Ils ont ordinairement des affections conformes à leurs doctrines, et dans leurs doctrines une sagesse supérieure à eux et à nous.

Dieu, qui peut tout faire par un acte simple de sa volonté, a voulu cependant se servir d'agens intermédiaires, afin que les hommes pussent concevoir ses opérations d'une manière conforme à la vérité.

Ces agens sont les anges; c'est par leur ministère qu'il gouverne le monde.

La piété est un remède.

La vie et la mort, les richesses et la pauvreté, l'élévation et l'abaissement, sont dans les mains de Dieu.

Elles font partie de notre destinée, qui ne dépend pas de nous.

Mais le bien et le mal sont dans nos mains, ou, comme le dit l'Ecriture, dans les mains de notre conseil, parce qu'ils font nos mérites ou nos démérites.

Comme *instrumens*, nous avons une destination; comme *créatures morales*, nous avons une liberté.

La vie et la mort, par lesquelles nous sommes ou ne sommes pas dans le monde; les richesses et la pauvreté, qui nous y assignent une place; la gloire et la honte, ou l'élévation et l'abaissement qui nous y font jouer un rôle, tiennent en effet et touchent au train général des affaires humaines, et

Dieu s'en est réservé la répartition. Il en distribue à son gré une mesure à chaque individu.

Toutes les religions sont bonnes ; la meilleure pour chaque homme est celle qu'il a ; mais la plus belle est incontestablement celle-ci (la catholique).

Nous sommes construits de manière à ne concevoir aucune qualité existante, qu'en regard de son espèce, que nous lui supposons préexistante. Ainsi, quand nous disons que Dieu est juste, nous supposons que tout en lui est conforme à une justice que nous imaginons presque hors de lui.

Toujours l'idée avant la chose.

Tout ce que nous concevons est placé par nous dans un temps et dans un lieu, comme dans un cadre ; c'est une autre condition de notre intelligence.

La vérité ! Dieu seul la voit.

La religion n'est ni une théologie ni une théosophie, elle est plus que tout cela : c'est une discipline, une loi, un joug, une nécessité, un engagement qu'on s'impose, et qu'on veut qui soit *indissoluble.*

Il faut suivre, pour aller au ciel, le même chemin que ses pères, afin d'y habiter le même point.

Dieu a laissé engendrer les sciences physiques aux temps, mais il s'est réservé les autres.

Lui-même a créé la morale, la poésie, etc.

Les premiers germes récemment produits par ses mains furent mis par lui dans les âmes et les écrits des premiers hommes; de là vient que l'antiquité, plus voisine de toutes les créations, doit nous servir de modèle dans les principes de ces choses qu'elle avait reçus et qu'elle nous a donnés plus purs.

Il faut, pour ne pas nous égarer, mettre nos pieds dans les traces des siens.

Croire de Dieu ce qui est contraire à la raison, cela se peut; il s'agit d'objets supérieurs à notre intelligence; mais croire de Dieu ce qui est contraire à la justice, telle que le cœur la conçoit, peut-être cela ne se peut ni ne se doit, à moins d'un ordre exprès de lui.

Montrez-moi donc cet ordre : s'il est clair, je me soumettrai; s'il est obscur, je suspendrai mes doutes; j'adorerai et j'attendrai.

La meilleure métaphysique est celle qu'on a malgré soi, c'est-à-dire celle qui est fondée sur des idées ou des images qui sont inévitablement et universellement en nous; par la nature de notre intelligence, ou par celle des choses, ou par la volonté de Dieu, que cette nécessité nous prouve assez.

Les meilleures prières sont celles qui n'ont rien de distinct, et qui participent ainsi de la simple adoration.

Dans tous les sens du mot, le cœur est le principe de la vie; voilà pourquoi la dévotion aide à vivre.

L'irréligion. — Passion. — Ceux qui en sont possédés à ce point se font un Dieu du genre humain; il font leur idole d'un être abstrait et informe, par la nécessité qui porte inévitablement la nature humaine à aimer et à honorer sans mesure quelque chose d'immatériel et d'infini.

On ne comprend la terre que lorsqu'on a connu le ciel.

Il faut aimer de Dieu ses dons et ses refus; aimer ce qu'il veut et ce qu'il ne veut pas.

L'homme ému croit plus en Dieu que l'homme froid; dans la colère et dans la fureur même, la religion se fait mieux sentir. L'état de manie, qui est un état d'agitation, a naturellement beaucoup d'instans religieux.

J'aimerais assez que la religion eût quelques hypocrites, ses abus prouveraient du moins qu'elle existe.

Sans le dogme, la morale n'est que maximes et que sentences; avec le dogme, elle est précepte, obligation, nécessité.

Ce n'est pas de l'intelligence de Dieu que nous devons nous occuper, mais de sa volonté.

Il nous importe peu de penser à sa présence ; mais il nous importe beaucoup de penser à sa justice, à sa bonté, à sa puissance, à ses décrets.

On craint de trop peu croire dans tout ce qui concerne la foi ; aussi l'extrémité prévaut ordinairement, et ce qui paraît le moins né de l'esprit de l'homme est adopté. De là vient que les hérésies ont d'abord une apparence plus raisonnable ; mais ce n'est pas le raisonnement, c'est l'autorité qui sert de règle.

Ce n'est pas la liberté religieuse, mais la liberté irréligieuse qu'on demande aujourd'hui.

La Bible apprend le bien et le mal ; l'Évangile, au contraire, semble écrit pour les prédestinés ; c'est le livre de l'innocence.
La première est faite pour la terre ; l'autre semble fait pour le ciel.
Selon que l'un ou l'autre de ces livres est plus dans une nation, on y voit diverses mœurs ou diverses humeurs religieuses.

Chacun suit sa raison ou sa religion ; car

il en est à qui la religion, dont tout le monde est susceptible, tient lieu de la raison qu'ils n'ont pas, et qu'ils ne peuvent pas avoir. Tout le monde est susceptible de religion, mais tout le monde n'est pas capable de raison.

Religion. — Il faut chercher par tous les moyens possibles à se la persuader et à s'en convaincre ; cela importe à nous, à nos familles, à nos voisins et au genre humain. Il est nécessaire d'y croire, il ne l'est pas qu'elle soit vraie.

Toute religion est toujours d'une vérité suffisante pour faire mieux que si on ne l'avait pas.

La religion est la poésie du cœur.

Le grand nombre des fêtes rend les hommes ingénieux : pourvu qu'elles soient religieuses.

Il n'y a de véritables fêtes que les fêtes religieuses.

La vérité ne vient pas de nous, et ne peut venir de nous ; mais de Dieu ou des esprits amis de Dieu, auxquels sa lumière a lui dans tout ce qui est spirituel; et des choses où Dieu l'a mise dans tout ce qui est matériel.

Il faut donc consulter Dieu, après les sages et son propre esprit, pour tout ce qui est spirituel; et fouiller dans le fond des choses pour tout ce qui est matériel.

La religion fait au pauvre même un devoir d'être libéral, noble, généreux et magnifique par la charité.

Jésus-Christ n'a rien écrit; la divinité inspire et dicte; c'est aux disciples à écrire.

Avec Dieu il ne faut être ni savant ni philosophe; mais enfant, esclave, écolier, et tout au plus poëte.

La divinité ne trompe jamais, sans quelque nécessité, les espérances innocentes des mortels; et comme nous croyons qu'elle habite les lieux qui lui sont consacrés, elle y rend sa présence plus sensible.

Il faut parler à Dieu de tout, l'interroger et être attentif à l'écouter sur tout; mais quelquefois on prend sa propre voix pour celle de Dieu.

L'athéisme, s'il est conséquent, peut et doit croire à un prodige à chaque minute.

Dans les principes de l'athée, un mort peut fort bien ressusciter ; il en pourrait ressusciter mille par jour, il ne faut pour cela qu'un peu de fermentation.

Le déisme et les religions mènent au but par des chemins plus ou moins bons, plus ou moins beaux ; et au sommet par des échelons plus ou moins solides.

N'écrivez rien dont vous ne puissiez croire que cela est vrai devant Dieu.

Examinez toujours si ce qu'on dit et ce qu'on pense est vrai devant Dieu.

Ne pourrait-on pas dire et ne pourrait-on pas penser que depuis l'avénement de Jésus-Christ Dieu a infusé dans la nature plus de lumière et plus de grâce ?

Il semble en effet que depuis ce temps il y a eu dans le monde une connaissance plus générale de tous les devoirs, et une facilité plus répandue et plus commune à pratiquer les vraies vertus, et toutes les grandes vertus.

Qu'est-ce qui est le plus difforme, ou d'une religion sans vertu, ou des vertus sans religion?

Ni le monde, ni l'écriture, ni l'Église ne font connaître Dieu clairement et parfaitement.

Ce n'est pas la vérité de ce qui est l'objet de la foi, mais la nécessité de croire, qu'il faut démontrer.

La foi n'est pas dans les idées, mais dans la soumission de l'esprit.

On peut croire sans idées et de confiance, on l'éprouve tous les jours, même dans les choses humaines.

Dieu ne nous doit point la vérité, qui est son partage; il ne nous doit que la persuasion, qui nous suffit.

La persuasion vaut mieux que la conviction; la conviction enchaîne l'homme; la persuasion le fait agir.

En religion il faut se mettre un bandeau sur les yeux, s'appuyer fortement sur l'espérance; tâcher d'avoir de la crainte, et ne rien juger, ne rien voir, n'agir en rien qu'au flambeau de l'amour de Dieu.

La foi doit conserver son bandeau : ces gens-ci l'en dépouillent; l'étude de la religion est pour eux un démonstrateur.

L'amour de Dieu est un amour naturel, ou du moins fait pour l'âme.

Le ciel ne nous doit que ce qu'il nous donne, et il nous donne souvent ce qu'il ne nous doit pas.

La vie est Dieu, cela suffit.

Il n'y a que les eaux qui tombent du ciel qui puissent subsister en gouttes et briller comme la rosée.

Dieu en les créant parle aux âmes et aux natures; il leur donne des instructions dont elles oublient le sens, mais dont l'impression leur reste.

De bons prêtres sont les meilleurs guides

que nous puissions avoir pour nous conduire dans le chemin et les sentiers de la vertu, et dans ceux de la perfection; eux seuls connaissent, ou du moins eux seuls prescrivent ces derniers.

L'opinion que les hommes ont des choses divines n'est la même ni dans tous les temps, ni dans tous les lieux; mais il faut que dans tous les lieux et dans tous les temps il y en ait une d'arrêtée, de fixe, de sacrée et d'inattaquable.

Il faut attaquer la superstition par la religion, et non par la physique qui est un terrain où elle n'est pas.
Que si vous l'y amenez en la faisant sortir d'elle-même, vous la faites sortir aussi de toute idée du ciel, et au lieu de la corriger, vous risquez de la rendre pire.

A tout âge, en tout temps, en toute occasion et en toute matière, il faut s'opposer à ce qui éloigne de Dieu.

Souveraineté. — Religion. — Le poids de ces

grandes questions écrase la tête de l'homme ; ou si elle y suffit, il en résulte en elle une extension démesurée, qui rend les hommes insensés sur beaucoup de points.

Il faut traiter de si hautes matières par voie d'autorité, et non par son propre sens, si on veut conserver sa sagesse.

Toute l'âme est un œil, comme le corps tout entier est un toucher; l'une aperçoit beaucoup de vérités dont elle ne peut pas s'assurer; l'autre atteint beaucoup de choses qu'il ne pourra jamais manier.

Le culte : Dieu agréera comme vrai celui qui aura été jugé tel avec simplicité.

L'humilité est aussi convenable à l'homme devant Dieu, que la modestie l'est à l'enfant devant les hommes.

Quand on ne peut pas croire qu'il y a eu révélation, on ne croit rien fixement, fermement, invariablement.

La piété nous attache à ce qu'il y a de plus

puissant et à ce qu'il y a de plus faible; à ce qu'il y a de plus puissant qui est Dieu; à ce qu'il y a de plus faible, comme aux enfans, aux vieillards, aux pauvres, aux infirmes, aux malheureux et aux affligés.

La compassion est une espèce de piété.

Il y a entre les idées d'âme et de pensée une telle *connexion*, qu'on ne peut en aucune manière imaginer l'une sans l'autre. Je dis imaginer, et je dis bien, car si on se contente d'avoir une notion obscure, vague et presque nulle, de l'une et de l'autre, on peut aisément supposer que l'une peut être sans l'autre. En pareil cas, on n'opère que sur des noms qu'on peut réunir ou disjoindre à volonté.

Étudier les sciences dans la vérité, c'est-à-dire en regardant Dieu.

Les sciences doivent montrer la vérité, c'est-à-dire Dieu partout.

Terrestre de naissance, mais céleste d'origine, notre corps seul est de ce monde.

La religion : voir la nôtre avec les yeux de

la foi, celle des autres avec les yeux de la raison.

Les évolutions religieuses, comme les processions, les génuflexions, les inclinations du corps et de la tête, la marche et les stations, ne sont ni de peu d'effet ni de peu d'importance.

Elles assouplissent le cœur à la piété, et courbent l'esprit vers la foi.

Qui peut croire qu'il rend à Dieu son âme meilleure qu'il ne l'a reçue ?

La dévotion embellit l'âme, surtout l'âme des jeunes gens.

Notre âme est toujours pleinement vivante.
Elle l'est dans l'infirme ;
Elle l'est dans l'évanoui ;
Elle l'est dans le mourant ;
Elle l'est plus encore après la mort.

Toutes les religions fortes sont furieuses, jusqu'à ce qu'elles aient régné.

Les vieilles religions, quelles qu'elles soient,

ressemblent aux vins vieux qui échauffent le cœur, mais qui n'enflamment plus la tête.

Nous ne voyons bien nos devoirs qu'en Dieu, c'est le seul fond sur lequel ils soient toujours lisibles à l'esprit.

Ce n'est pas l'hérésie qui est à craindre aujourd'hui, c'est l'irréligion ; l'Église a changé d'ennemis et de dangers ; elle doit changer de sollicitudes et de combats.

La sainte Écriture est aisée à traduire dans toutes les langues, parce qu'on n'a besoin pour y parvenir que de mots communs, populaires, nécessaires, et qui par conséquent se trouvent partout.

Les pieux seront tous sauvés.

L'ivresse n'ôte pas le sentiment du juste; la notion en demeure pure jusque dans la folie, si le fou reste capable de raisonnement.
Un homme ivre prendra facilement un innocent pour un coupable, mais non pas une bonne maxime pour une mauvaise. La notion

en subsiste en lui dans la mémoire; mais l'ivresse politique, l'ivresse des nerfs a des effets pires que l'ivresse du vin.

L'ivresse des liqueurs n'ôte pas la piété.

Aujourd'hui l'incrédulité est un préjugé; car s'il en est qui viennent des hommes et du temps, il en est d'autres qui viennent des livres et de la nouveauté.

Les os subsistent sans l'âme, mais non pas les chairs, et encore moins les humeurs, le sang, les moelles.

La théologie est aussi une philosophie, mais elle cherche la vérité au-delà du monde, et se fonde sur une autre autorité que celle des âmes et des corps.

La religion est tellement vraie, qu'il faudrait s'y soumettre quand elle ne serait pas bonne.

Elle est tellement bonne, qu'il faudrait la garder quand elle ne serait pas vraie.

Nous croyons toujours que Dieu est semblable à nous-mêmes : les indulgens l'annoncent indulgent, les haineux le prêchent terrible.

Tous ceux qui manquent de religion sont privés d'une vertu, et eussent-ils toutes les autres, ils ne pourraient être parfaits.

Plus j'y pense, plus je vois que l'esprit est quelque chose hors de l'âme; comme les mains sont hors du corps, les yeux hors de la tête, les branches hors du tronc; il aide *à pouvoir*, mais non pas à être plus.

On remplit ses yeux de lumières en les élevant vers le ciel.

On prend des ailes pour atteindre la vérité, on la suit au milieu des airs; on descend au fond de soi-même, et on la trouve dans son cœur : car notre âme en est le miroir.

Les psaumes; lisez-les avec l'intention de prier, et vous les trouverez beaux. Eh! toute lecture n'exige-t-elle pas une disposition d'esprit qui lui soit assortie et même appropriée?

Les *Contes Persans* disent : « Les prières

« des pauvres qui souffrent patiemment leur
« misère sont agréables à Dieu. »

Qu'importe que les opinions et les paroles du prêtre soit grossières, si, proportionnées à la grossièreté de l'intelligence humaine, elles suffisent pour produire dans les âmes des hommes le plus beau et le plus délié de tous les sentimens, je veux dire la piété?

Nous ne sommes que de la boue, et cependant cette boue gouverne le monde; les instrumens de Dieu ne doivent pas être estimés par la matière, mais par l'œuvre; s'ils ne manquent jamais leur coup, qu'importe qu'ils soient faits de fer ou de terre? c'est le charme attaché à toutes choses qui fait leur beauté.

Ce qui rend le culte utile, c'est sa publicité; sa manifestation extérieure, aussi frappante qu'il est possible, son bruit, sa pompe, son fracas, et son observance universellement et visiblement insinuée dans tous les détails de la vie publique et de la vie intérieure; c'est là seul ce qui fait les fêtes, les temps et les véritables variétés de l'année. Aussi faut-il dire hardiment que les cloches, le maigre, le gras, etc., étaient des institutions profondément sages, et des choses utiles, importantes, nécessaires, indispensables.

Mon fils, disent les mères à leurs enfans, si vous m'aimiez vous ne feriez pas cela.

L'enfant sait que, cependant, il aime sa mère, et la mère qu'elle est aimée de son fils.

L'une, en parlant ainsi, use d'adresse, et non de fausseté, et l'autre, en se laissant engager par de telles paroles, agit avec une tendre et juste condescendance, et non avec une aveugle et imbécile stupidité.

Nous sommes les enfans de la religion; en nous parlant ainsi, elle nous traite en mère; en l'écoutant, nous observons les règles de notre nature; nous nous tenons à notre place, nous agissons comme nous le devons.

La religion interdit toute faiblesse, même les faibles religieuses.

Nous cherchons tous de diverses manières sur la terre l'ordre, la vérité et le bonheur : nous les trouverons dans le ciel.

Donner à Dieu ce qui nous plaît, ce qui

nous est cher, ce que nous aimons, voilà le sacrifice religieux.

La religion est un feu que l'exemple entretient, et qui s'éteint s'il n'est communiqué.

Les idées de l'éternité et de l'espace ont quelque chose de divin : ce que n'ont pas celles de la pure durée et de la simple étendue.

Dieu mesure le temps comme nous, mais ce n'est pas par ses successions, c'est par les nôtres.

Il n'y a d'heureux que les bons, les sages et les saints; mais les saints plus que tous les autres, tant la nature humaine est faite pour la sainteté.

Les saints offrent tous à l'attention humaine quelque vertu canonisée, et la haute philosophie estime moins la vérité comme moyen que comme but.

Il suffit que la religion soit religion; il n'est pas nécessaire qu'elle soit vérité. Il y a des choses qui ne sont bonnes que lorsqu'elles sont vraies. Il y en a d'autres qui pour être bonnes n'ont besoin que d'être pensées.

O religion ! tu donnes aux imbéciles mêmes leurs vertus, leurs talens et leur utilité.

Il y a deux sortes d'athéisme : celui qui tend à se passer de l'idée de Dieu, et celui qui tend à se passer de son intervention dans les affaires humaines.

La vertu n'est pas une chose facile; pourquoi la religion le serait-elle ?

La grande affaire de l'homme, c'est la vie; et la grande affaire dans la vie, c'est la mort.

Y aurait-il en effet quelque chose de supérieur à la foi?
Une vue, une vision.....
Mais quand cela pourrait être, qui oserait se flatter de l'avoir obtenue?

Éclairé, être éclairé, c'est un grand mot. Mais qui est-ce qui est éclairé? c'est-à-dire, qui a dans sa tête une lumière en permanence? Qui est-ce qui est éclairé de cette lumière éternelle qui s'attache aux parois du cerveau et qui rend éternellement lumineux les esprits où elle est entrée et les objets qu'elle a touchés?

Quand on a trouvé ce qu'on cherchait, on n'a pas le temps de le dire; il faut mourir.

L'homme de bien aime le bien, et à cause du bien il aime la religion, qui donne aux hommes tant de vertus.

Vous aurez beau faire, les hommes ne croient que Dieu, et celui-là seul les persuade qui croit que Dieu lui a parlé.
Nul ne donne la foi, s'il n'a la foi.

Nul n'est sage et n'a connu la vérité, s'il n'est pieux.

« ... Ne portez jamais votre vue au-delà de
« chaque journée.
« ... Laissez tout l'avenir à Dieu...
« ... Considérez chaque jour comme une

« vie passagère et séparée du jour qui peut
« suivre, et tous vos devoirs vous deviendront
« faciles. »

En effet, une vertu et même une perfection d'un jour sont possibles et seraient faciles.

Il y a dans chaque homme une partie divine qui naît avec lui, et une partie humaine et même animale qui croît avec le temps.

C'est la première qu'il faut conserver et cultiver soigneusement en soi ; l'autre y subsiste d'elle-même.

Ceux qui sont semblables iront tous dans le même ciel.

Connaître et aimer Dieu, facultés éternelles.

Tous ne pourront pas le connaître également, mais tous pourront également l'aimer.

On donne une idée de la Divinité par l'adoration, de la puissance par la soumission, et du mérite par le respect.

Dans le ciel personne ne sera poëte, car nous ne pourrons rien imaginer au-delà de ce que nous verrons ; nous ne serons qu'intelligens. Cultivons donc l'intelligence, cette éternelle faculté qui sera toujours exercée, et qui suffira au bonheur.

Chaque homme a deux destinées : l'une qu'il se fait à lui-même, l'autre qui lui est imposée ; il fait ses œuvres et il reçoit ses facultés.

De même donc que nous sommes assujettis à deux mouvemens, celui de la terre et le nôtre, de même nous sommes dominés par deux volontés, la nôtre et celle de la Providence; auteurs de la première, et instrumens de celle-ci ; maîtres de nous pour mériter la récompense qui est assignée à la vertu, et machines pour tout le reste.

Ce monde a besoin d'être gouverné par les idées de l'autre.

La piété est une sagesse sublime qui surpasse toutes les autres.

Dieu a égard aux siècles. Il pardonne aux uns leurs grossièretés, aux autres leurs raffinemens. Mal connu par ceux-là, méconnu par ceux-ci, il met à notre décharge, dans ses balances équitables, les superstitions et les incrédulités des époques où nous vivons.

Nous vivons dans un temps malade : il le voit. Notre intelligence est blessée : il nous pardonnera, si nous lui donnons tout entier ce qui peut nous rester de sain.

La crainte de Dieu nous est aussi nécessaire pour nous maintenir dans le bien, que la crainte de la mort pour retenir dans la vie.

Dieu fit du repentir la sagesse autant que la vertu des mortels.

La rétractation est à nos erreurs ce que la confession est à nos fautes : un devoir, un remède, une expiation.

On a rompu les chemins qui menaient au ciel, et que tout le monde suivait ; il faut se faire des échelles.

La religion chrétienne traite les hommes comme des enfans, et ils le sont.

Sans l'ascendant de la religion, cette infinité d'hommes libres n'auraient pu subsister en paix.

Il faut que les hommes soient, ou les esclaves du devoir, ou les esclaves de la force.

Nul n'est bon, ne peut être utile et ne mérite d'être aimé, s'il n'a quelque chose de céleste, soit dans l'intelligence par des pensées, soit dans la volonté par des affections qui sont dirigées vers le ciel.

Dieu a fait la vie pour être pratiquée, et non pas pour être connue.

Notre chair n'est que notre pulpe ; nos os, nos membranes, nos nerfs, ne sont que comme une charpente du noyau où nous sommes renfermés comme en un étui. C'est par exfoliations que l'enveloppe corporelle se dissipe, mais l'amande qu'elle contient, l'être invisible qu'elle enserre reste entier, est indestructible.

Le tombeau nous dévore, mais il ne nous absorbe pas. Nous sommes consumés, non détruits.

Que le monde ait six mille ans d'âge ou

qu'il en ait cent mille, cela est égal, dès qu'il n'y a que six mille ans de connus.

La religion est la seule métaphysique que le vulgaire soit capable d'entendre et d'adopter.

Une vérité qui en obscurcit d'autres ne peut pas être vérité.

Le monde intellectuel est toujours le même, il est aussi facile à connaître aujourd'hui qu'au commencement, et il était aussi caché au commencement qu'il l'est aujourd'hui.

Le monde a été fait comme la toile de l'araignée : Dieu l'a tiré de son sein, et sa volonté l'a filé, l'a déroulé et l'a tendu. Ce que nous nommons le néant est sa plénitude invisible ; sa puissance est un peloton, mais un peloton substantiel contenant un tout inépuisable, qui se dévide à chaque instant en demeurant toujours le même, c'est-à-dire toujours entier.

Pour créer tout le monde un grain de matière a suffi, car tout ce que nous voyons, cette masse qui nous effraie, n'est rien qu'un grain que l'Éternel a mis en œuvre. Par sa ductilité, par les creux qu'il enferme et l'art de l'ouvrier qui a fait l'ouvrage, ce grain offre dans les décorations qui en sont sorties une espèce d'immensité. Tout nous paraît plein, tout est vide, ou pour mieux dire tout est creux. Les élémens eux-mêmes sont creux; Dieu seul est plein. Les corps pénétrables sont plus creux que les autres; mais ce grain de matière où était-il ? Il était dans le sein de Dieu comme il y est présentement.

Déisme. Le genre humain ne peut pas s'en accommoder; cette doctrine est proportionnée à notre force, mais non pas à notre faiblesse.

Ce qu'il y a de plus beau, c'est Dieu ; après Dieu, c'est l'âme, et après l'âme, c'est la pensée.
Rien n'est donc beau qu'autant qu'il représente Dieu, ou l'âme ou la pensée.

Il faut être homme avec les hommes, et toujours enfant devant Dieu; car, en effet, nous ne sommes tous que des enfans devant ses yeux.

Le dogme, que nous demeurerons pendant

toute l'éternité tels que nous sommes en mourant, force l'homme à être à chaque instant tel qu'il veut demeurer toujours.

Sainte Cécile chantait les louanges de Dieu; mais elle entendit les anges, et elle se tut.

Si nous connaissions parfaitement ce qui se passe dans le ciel, nous ne serions plus libres.
Si nous connaissions parfaitement tout ce qui existe sur la terre, peut-être nous ne serions plus mortels.

Il faut aux femmes une piété plutôt tendre que raisonnée.
Il faut aux hommes une majestueuse ou grave plutôt que tendre piété.

La *commodité* a détruit la religion, la morale et la politesse.

La sagesse humaine éloigne les maux de la vie, il faut la chercher.
La sagesse divine rend seule heureux en faisant trouver les vrais biens.
Il faut employer le mouvement à chercher

la sagesse humaine, et le repos ou la méditation à chercher la sagesse divine.

Pour arriver aux régions de la lumière, il faut passer par les nuages; les uns s'arrêtent là, mais d'autres esprits passent outre.

Les prêtres et les philosophes.
Les premiers en valent mieux quand ils pratiquent leur morale, et les derniers quand ils ne pratiquent pas la leur.

La vérité et le bonheur.
Nous sommes nés pour les chercher toujours; mais nous ne ne les trouverons qu'en Dieu.
Les plaisirs et les vraisemblances nous en tiennent lieu ici-bas.
Je parle ainsi des plaisirs et des vraisemblances qui donnent la paix à nos sens, à notre esprit et à nos cœurs.

Le faux mérite aime le faux mérite, et le vrai mérite aime le vrai.
Ce n'est pas la vérité qui nous sauve, c'est la foi : mais les théologiens, qui devraient se

borner à nous enseigner cette foi, veulent absolument nous démontrer qu'ils enseignent la vérité. *L'écriture*, disait Bossuet, *la tradition*; et il croyait avoir tout dit, sans argumenter davantage.

Le *pourquoi* de la plupart de nos qualités, c'est qu'on est bon, c'est qu'on est homme, c'est qu'on est l'ouvrage de Dieu.

Le prie-Dieu est un meuble indispensable au bon ordre; où il n'est pas, il n'y a point de pénates, point de respect.

Rien dans le monde moral n'est perdu, comme dans le monde matériel rien n'est anéanti.
Toutes nos pensées et tous nos sentimens ne sont ici-bas que le commencement de sentimens et de pensées qui seront achevés ailleurs.

Sans la piété, la vieillesse choque les yeux; les infirmités repoussent; l'imbécilité rebute; avec la piété, on ne voit dans la vieillesse que le grand âge, dans les infirmités que la souffrance, dans l'imbécilité que le malheur; on n'éprouve que le respect, la compassion, et le désir de soulager. Tous les dégoûts se taisent tellement devant la charité, qu'on peut dire que, pour les pieux, toutes les afflictions ont de l'attrait.

Régions intellectuelles ; esprits qui en sont les habitans.

Si je décris un esprit, si je découvre un fait de l'histoire de ce monde invisible, ou un seul trait de ce qui se passe :

Tous les événemens y sont une justice, les vérités en sont les lois, la morale en est l'itinéraire, la métaphysique en est la description, la pensée en est le langage, l'ordre en est la nécessité, et la seule à laquelle on y soit soumis ; la félicité y est la commune et universelle condition.

Telle est la suprême beauté de ce monde, que bien nommer ce qui s'y trouve, ou même le désigner avec exactitude, suffit pour former un beau style et pour faire un beau livre.

Pourquoi un mauvais prédicateur même est-il écouté avec plaisir par ceux qui sont pieux ? c'est qu'il leur parle de ce qu'ils aiment.

Mais vous qui expliquez la religion aux

hommes de ce siècle, vous leur parlez de ce qu'ils ont aimé peut-être, ou de ce qu'ils voudraient aimer, mais ils ne l'aiment pas encore, et il faut le leur faire aimer; ayez *donc soin de bien parler.*

Dieu est l'être ;
Le monde est un lieu ;
La matière est une apparence ;
Le corps est le moule de l'âme ;
La vie est un commencement.

Le juste, le beau, le bon, le sage, est ce qui est conforme aux idées que Dieu a du juste, du beau, du sage et du bon.

Platon avait donc raison avec ses idées éternelles.

Otez Dieu de la haute philosophie, il n'y a plus aucune clarté; il en est la lumière et le soleil; c'est lui seul qui illumine tout.

Dieu est le lieu de la vérité, non seulement parce qu'elle est en lui, mais parce qu'elle ne peut être vue et jugée que dans lui, par rapport à lui et parce qu'elle est en lui.

La vérité est la réalité dans les choses intelligibles; il en est de plusieurs sortes : la vérité universelle, la vérité particulière; la vérité de fait ou de simple existence, et la vérité de nature ou d'existence nécessaire.

L'homme est un animal religieux. Voilà une vérité de nature et de nécessité.

Les hommes sont avides et intéressés. Voilà une vérité de simple fait qui, pouvant être ou n'être pas, peut être ignorée sans dommage pour l'esprit.

Car la connaissance de la vérité universelle, de la vérité de nature, de la vérité proprement dite et nécessaire, est d'une grande importance pour le bon ordre et la lumière de l'esprit; mais la connaissance des vérités particulières n'est nécessaire, ou même utile, qu'à nos affaires.

Dieu contemple les âmes et veille sur les hommes. Il faut que les hommes contemplent Dieu et toutes les choses divines, ou ce qui est divin dans les choses.

La vérité ! Que dirait-on et que penserait-on là-haut? c'est en cela que consiste la vérité.

La vérité consiste à imaginer les choses

comme Dieu et les saints les voient, comme on les voit au-delà du monde quand on jette les yeux dessus.

On ne voit rien au vrai, si on ne le voit de haut ; il faut qu'on puisse dire cela est vrai sur la terre, cela est vrai dans le ciel.

Hors de la religion, il ne faut rien exprimer de trop intime, à moins que cela ne tienne au fond du cœur plus qu'à celui de l'esprit, encore ne sais-je.

Comme on donne un piédestal à une statue, il faut en donner un à un édifice, et surtout aux temples qui doivent pour ainsi dire être placés sur un autel.

Parler à Dieu de ses souhaits, de ses affaires, cela est-il permis ?

On peut dire que ceux qui s'en abstiennent par respect, et ceux qui le pratiquent par confiance et par simplicité, font bien.

La morale, cette science de se rendre heureux et juste, est de toutes, peut-être, la moins avancée : on ignore ses vrais fondemens, au point que quelques philosophes, qui pourtant croient que la vertu se prouve puisqu'ils l'enseignent, la regardaient purement comme un sentiment inné.

Il est bien vrai que nous avons en naissant la conscience secrète de notre destination; il semble qu'il y ait en effet des idées qui ne nous viennent pas du dehors. Il y a des actions machinales; il serait cependant utile de chercher jusqu'à quel point elles ont de l'analogie avec ce monde intérieur si peu connu.

Dieu aime l'âme, et comme il y a un attrait qui porte l'âme à Dieu, il y en a un, si j'ose ainsi parler, qui porte Dieu à l'âme.

Dieu fait de l'âme ses délices.

L'arbre ne vit point sans écorce; la religion a la sienne, toutes les vertus ont la leur.

Les quatre amours correspondant aux quatre âges de la vie humaine, bien ordonnée, sont : l'amour de tout, l'amour des femmes, l'amour de l'ordre et l'amour de Dieu.

Il est cependant des âmes privilégiées qui, s'adonnant dès la jeunesse, et presque dès l'enfance, à l'amour de l'ordre et à l'amour de Dieu, s'interdisent l'amour des femmes, et passent une longue vie à n'aimer rien que d'innocent.

Tout ce qui est très-spirituel, et où l'âme a vraiment part, ramène à Dieu, à la piété. L'âme ne peut se remuer, ouvrir ses yeux, se réveiller sans sentir Dieu.

Cette vérité suffit, toutes les autres sont inutiles au bonheur, puisque sans elles et avec celle-là on peut être parfaitement, entièrement heureux.

Tout talent et tout mérite naturel est un don du ciel; il faut éviter avec soin de s'en moquer.

Quant à ceux qui viennent des hommes, et qui sont acquis souvent aux dépens et au détriment des dons divins, on peut être moins scrupuleux.

Y-a-t-il une opinion meilleure et plus propre à les éloigner de leurs vices, que celle qui persuade aux hommes que lorsqu'ils font le mal, c'est toujours par les instigations d'un ennemi qui les hait et qui ne demande que leur perte, et que leurs bonnes pensées viennent d'un génie ami de Dieu lui-même?

La même croyance unit plus les hommes que le même savoir; c'est sans doute parce que les croyances viennent du cœur.

L'aveu est l'instrument de l'expiation.
Aux crimes publics la pénitence publique.
Aux crimes secrets la confession.
On manifestait autrefois son repentir : on révèle aujourd'hui son délit. On était puni par une exclusion publique : on l'est par une honte qui est secrète, mais intime, mais poignante.

Notre immortalité nous est révélée (à la lettre) d'une révélation innée ou infuse dans notre esprit.

Dieu même en le créant y dépose cette parole, y grave cette vérité, dont les traits et le son y demeurent ineffaçables, indestructibles.

Mais l'inattention et de mauvaises suggestions peuvent nous y rendre sourds et aveugles : l'inattention nous distrait de cette lumière et de ce bruit. En ceci, Dieu nous parle tout bas et nous illumine en secret. Il faut pour l'entendre du silence intérieur; il faut pour apercevoir sa lumière fermer nos sens et ne regarder que dans nous.

La vérité consiste à imaginer les choses comme Dieu les voit, et la modération à être ému comme les anges.

On n'est bon que par la pitié.

Il faut donc qu'il y ait quelque pitié dans tous nos sentimens pour qu'ils soient bons, même dans notre indignation, dans nos haines pour les méchans.

Mais faut-il donc qu'il y ait aussi de la pitié dans notre amour pour Dieu? Oui, de la pitié pour nous, comme il y en a toujours dans la reconnaissance.

Il faut donc qu'il y ait dans tous nos sentimens quelque pitié pour nous, ou quelque pitié pour les autres. L'amour des anges, pour les hommes, n'est qu'une pitié continuelle; aucun sentiment sans pitié.

Le juste ne peut être récompensé que dans

l'autre vie; car il n'y a rien d'assez beau pour sa justice dans celui-ci.

Dieu est le seul miroir dans lequel on puisse se connaître; dans tous les autres on ne fait que se voir.

L'âme est un être simple, mais pourtant un être vêtu. Dieu seul est parfaitement simple, car rien ne peut l'envelopper.

Il y a loin de la cité de Platon à la cité de Jésus-Christ.

Tout aime Dieu, excepté l'homme perverti.

Dieu! et de là toutes les vertus, tous les devoirs.

S'il en est une ou un où l'idée de Dieu ne soit mêlée, il s'y trouve toujours quelque défaut ou quelque excès; il y manque toujours ou le poids, ou le nombre, ou la mesure, toutes choses dont l'exactitude est divine.

Le peuple n'aime pas qu'on soit semblable à lui; il méprise l'intempérance, il hait ses vices dans les grands ; mais il aime surtout dans les rois une bonté qui ressemble à la sienne.

C'est que la sienne est la meilleure, comme ses vices sont les pires.

Le ciel ne nous a permis de connaître que ce qui est nécessaire à la vie et à la vertu.

« Rien ne se fait de rien, » disent-ils : mais la souveraine puissance de Dieu n'est pas rien ; elle est la source de la matière aussi bien que celle de l'esprit.

Dieu dirige et change les âmes par le moyen des corps, et quelquefois par lui-même et sans cette intervention.

Sainte Thérèse est la Sapho de la dévotion.

Le courroux de Dieu est d'un moment. La miséricorde divine est éternelle.

Sans l'immortalité, la beauté de la vie est ôtée. Cela suffit.

Pour enseigner la vertu, dont il est tant

parlé dans Platon, il n'y a qu'un moyen : c'est d'enseigner la piété.

La Bible est aux religions ce que l'Iliade est à la poésie.

Ce n'est qu'à compter de l'an 600 que le crucifix, tel que nous l'avons, est en usage.

La piété donne des ailes à l'esprit; la piété est une espèce de génie.

Le bons sens s'accommode du monde : la sagesse tâche d'être conforme au ciel.

Être meilleurs où être pires dépend de nous; tout le reste dépend de Dieu.

Les fêtes. Le pauvre offre à Dieu, dans ces saints jours, le sacrifice de son salaire, par son repos.

La religion qui prie pour les morts fait un devoir du souvenir.

Ceux qui espèrent connaissent mieux la Providence, et en ont un sentiment plus sûr et plus inébranlable que ceux qui craignent.

Il n'a fallu qu'un grain de matière pour créer le monde, mais il fallait un monde entier pour créer une âme.

Il importe beaucoup qu'il y ait en Europe uniformité de religion.

Il faut céder au ciel et résister aux hommes.

Il faut adorer et prier selon les coutumes de son enfance; Dieu le veut, et aussi la nécessité.

Il est une classe de la société où les enfans pieux ne savent pas que leurs parens sont mortels. Ils n'ont jamais osé y penser.

Nous nous jugeons selon le jugement des hommes, au lieu de nous juger selon le jugement du ciel.

Il faut être religieux avec naïveté, avec abandon et bonhomie, avec simplicité, et non pas avec dignité, mathématiquement, gravement et avec bon ton.

« C'est mon pécheur, » disait une bonne vieille religieuse, de l'empereur Napoléon.

Savez-vous ce qu'est dans le monde une pensée de Dieu? c'est une chose grande, importante, éternelle!

Dieu est tellement grand et tellement vaste, que pour le comprendre il faut le diviser.

On sent Dieu avec l'âme, comme on sent l'air avec le corps.

Le sens intime est dans notre âme ce que le toucher est dans l'animal; et comme le siége de l'un est dans toute la chair, l'autre a le sien dans toute la capacité de la substance intelligente.

Dieu n'écoute que les pensées et les sentimens. Les paroles intérieures sont les seules qu'il peut entendre.

Religion : elle ne permet de plaisirs que

ceux que l'on prend malgré soi, la nature y ayant pourvu.

Dieu : sa bonté l'assujettit à son amour pour nos âmes.

Le ciel était autrefois moins peuplé d'hommes, et il descendait sur la terre pour y converser avec eux.

Dieu veut-il que nous aimions ses ennemis ? oui.

Dieu n'a pas seulement mis dans l'homme l'amour de soi, mais aussi l'amour des autres.

Il n'y a que l'homme religieux qui soit toujours le même, c'est que son Dieu ne change pas.

Il n'entrera rien dans le ciel qui ne soit beau.

Les religions, il faut les embrasser voilées, et adorer Dieu les yeux fermés.

C'est la volonté de Dieu que les affligés se consolent ; et lorsqu'ils veulent s'abandonner à leurs chagrins, il les console malgré eux.

Dans la distinction de l'âme et du corps est toute la philosophie, comme ils l'ont dit, et plus encore qu'ils ne l'ont pensé.

Toute la métaphysique consiste à assigner leurs différences, toute la morale à les suivre.

L'ouïe est dans l'âme, la vue est dans l'âme, le sens même de l'attouchement est dans notre âme tout entier.

L'incrédulité n'est qu'une manière d'être de l'esprit; mais l'impiété est un véritable vice du cœur.

Il entre dans ce sentiment de l'horreur pour ce qui est divin, du dédain pour les hommes, et du mépris pour l'aimable simplicité.

Si on exclut l'idée de Dieu, il est impossible d'avoir une idée exacte de la vertu.

Il y a des temps où le pape doit être dictateur; il y en a d'autres où il doit n'être considéré que comme premier préposé aux choses de la religion, comme son premier magistrat, comme roi des sacrifices.

Il faut rendre les hommes insatiables de Dieu.

C'est une faim dont, malheureusement, ils seront assez distraits par les passions et les affaires.

L'idée de Dieu est une lumière, une lumière qui guide, qui réjouit; la prière en est l'aliment.

Le hasard est une part que la Providence s'est réservée dans les affaires de ce monde, part sur laquelle elle a voulu que les hommes ne pussent pas même croire qu'ils avaient aucune influence.

La raison peut nous avertir de ce qu'il faut éviter; le cœur seul dit ce qu'il faut faire.

Dieu est dans notre conscience, mais non dans nos tâtonnemens : quand nous raisonnons, nous marchons seuls et sans lui.

La pudeur et la piété. La piété est une espèce de pudeur. L'une nous fait baisser les yeux, et l'autre baisser la pensée devant tout ce qui est défendu.

Il faut aller au ciel; là sont dans leurs types

toutes les choses, toutes les vérités, tous les plaisirs, dont nous n'avons ici que les ombres.

La piété aime les murailles, ainsi qu'elle aime les déserts.

Un bon citoyen ne doit pas plus révoquer en doute la vérité de sa religion que l'honnêteté de sa mère et sa propre légitimité.

L'encens et les religions nous viennent des mêmes climats.

Il est des hommes qui, lorsqu'ils tiennent quelques discours ou forment quelque jugement, regardent dans leur tête, au lieu de regarder dans Dieu, dans leur âme, dans leur conscience ou dans le fond des choses. On reconnaît cet acte et cette habitude de leur esprit à la contenance qu'ils prennent et à la direction de leurs yeux.

L'espace est le chemin des âmes séparées des corps; elles passent par l'espace pour arriver à l'infini.

Cette route est toujours suivie : à chaque

heure, à chaque minute, à chaque instant et à chaque millionième partie de chaque instant, quelque âme se détache de quelque corps, et va se rendre à sa nouvelle destination.

Les superstitions sont à la religion ce que la fable est à la poésie.

Les âmes pieuses sont toutes du genre sublime : rarement cependant les âmes sublimes se bornent à être pieuses; les passions viennent et défigurent cette beauté originelle.

On ne peut sortir de certaines erreurs que par *le haut*, c'est-à-dire en élevant son esprit au-dessus des choses humaines.

Dieu pourrait faire une atmosphère tout entière avec une seule bulle d'air. Eh ! un enfant ne fait-il pas une bouteille de savon avec une seule goutte d'eau ?

Tout vient d'un souffle, quand ce souffle est animateur.

Dans un corps ecclésiastique, la réunion est formée par la règle et la participation à une vie singulière et commune ; mais dans un corps laïque, cette réunion ne peut avoir lieu que par quelque système ou par une participation à une opinion singulière, à laquelle l'attachement devient lien.

Du principe des corps ecclésiastiques qui est la règle, se forment de véritables communautés régulières ou des ordres.

Du principe des autres corps, il ne peut se former que des espèces de sectes ou des partis.

Avec une lampe on peut se passer du soleil, mais on n'est pas aussi délicieusement éclairé.

Avec de la morale on peut se passer de religion, mais on n'est pas aussi heureux dans la vertu.

D'ailleurs, de même que sans le soleil il n'y aurait sur la terre aucun feu, aucune lumière, ainsi sans les religions nous n'aurions pas eu de morale.

La séparation de l'âme et du corps, ou de l'âme et des sens, est sensible : dans le *repentir*, dans l'*extrême respect*, dans les enfans surtout : aussi toutes les âmes sont belles alors ;

aussi tous les enfans dociles sont-ils beaux de physionomie; leur âme est seule en mouvement.

Quand c'est l'esprit qui agit seul, la physionomie est moins belle.

La religion a ses dogmes, mais purement théologiques.

Quant aux dogmes métaphysiques et raisonnés, elle les laisse aux disputeurs.

Elle ne dit point, par exemple, que l'âme est immortelle, mais qu'elle sera éternellement récompensée ou punie en tel et tel lieu, et de telle ou de telle manière, du bien ou du mal que l'homme aura fait.

La première de ces vérités est trop vulgaire à ses yeux pour qu'elle en parle; sa foi a de plus vastes certitudes, et son savoir lui vient du ciel.

Il ne faut pas chercher aux événemens humains des causes invisibles, quand il y en a de visibles; ni des causes douteuses, quand il y en a de certaines et de palpables, à moins de recourir aux causes supérieures par un de ces élans qui font que notre esprit va se reposer dans le ciel, quand il s'est fatigué sur la terre.

Le sens intime nous trompe peu, ou ne nous trompe du moins que de la manière dont Dieu lui-même veut que nous soyons trompés.

Nul de nous n'est destiné à tout savoir et à ne se tromper jamais.

Savoir distinguer nettement l'âme et le corps, Dieu et le monde, le modèle et l'ouvrage, l'ordonnance et la loi, les actions et la règle; connaître parmi les natures celle d'en haut, celle d'en bas et celle du milieu.

Celui qui sait ces choses sait assez, et même beaucoup.

Les sens sont des lieux ou des points où l'âme a des plaisirs ou des douleurs.

Par la mort, par l'âge, et souvent par la maladie, ces points et ces lieux sont détruits.

Par le recueillement, par la prière, et par l'autorité religieuse ou philosophique, l'âme en est absente.

La religion est pour l'un sa littérature et

sa science; elle est pour l'autre ses délices et son devoir.

L'esprit est pour l'âme une espèce d'organe, une espèce d'œil, de langue, d'ouïe et même de cerveau; une espèce de porte-voix, de télescope et de compas, et quelquefois cet organe agit tout seul. — Jamais d'esprit sans âme.

Ce qui vient de l'esprit participe de notre humeur; ce qui vient du cœur participe de nos tempéramens; ce qui vient de l'âme participe de Dieu lui-même.

L'esprit parle à l'esprit, le cœur au cœur, l'âme à l'âme.

Notre esprit est moulé par nos opinions, ou nos opinions sont moulées par notre esprit.

Notre cœur est moulé par nos sentimens, ou nos sentimens sont moulés par notre cœur.

L'âme reçoit et met hors d'elle la vérité telle qu'elle est.

Dieu se sert de tout, même de nos illusions.

Il faut aimer la religion comme une espèce de patrie et de nourrice; elle a allaité nos vertus, elle nous a montré le ciel; elle nous a appris à marcher dans les sentiers de nos devoirs. Intelligence, essor, premiers plaisirs de notre esprit, attachant des ailes à l'âme, brisant les liens qui rendent libre; en nous affranchissant du corps, elle enchaîne nos tyrans (les vices).

Le monde est monde par la forme; par le fond il n'est rien qu'un grain de matière.

En retirant son souffle à lui, et en désenflant son volume, le créateur peut donc le détruire aisément. L'univers, dans cette hypothèse, n'aurait ni débris ni ruines; il deviendrait ce qu'il était avant le temps, un grain de métal aplati et un atome dans le vide.

Il y a une grande différence entre la crédulité et la foi : l'une est un défaut de l'esprit, et l'autre est une qualité, une vertu; la première vient de notre extrême faiblesse, la deuxième a pour principe une douce et louable docilité, très-compatible avec la force, et qui lui est même très-favorable.

Platon a tort. Il y a des choses qui se communiquent et qui ne s'enseignent pas; il y en a qu'on possède manifestement sans pouvoir les communiquer : à la rigueur, peut-être, on n'est savant que de ce qui peut être enseigné; mais on peut être doué d'un art qui ne peut pas être transmis. On ne peut rien enseigner de ce qui dépend du coup d'œil, de l'instinct, du génie; l'art de se connaître en hommes est de ce nombre, et peut-être la haute politique aussi; l'âme est tout l'homme.

Il faut craindre de se tromper en poésie, quand on ne pense pas comme les poëtes, et en religion, quand on ne pense pas comme les saints.

Il est des têtes qui n'ont point de fenêtres, où le jour ne vient jamais d'en haut; rien n'y vient du côté du ciel.

Il est extraordinaire que dans tous les pays du monde, la plus haute et la plus immatérielle de toutes les sciences, celle de la religion, soit la plus aisée à apprendre.
Les enfans même en sont capables et plus capables que les hommes, tant il y a dans

l'homme une partie spirituelle qu'il tient du ciel, qui n'a pas besoin de la terre et du temps, et que le temps et la terre sont plus propres à altérer qu'à augmenter.

Ceux qui n'ont pas été dévots n'ont jamais eu l'âme assez tendre.

Ame. C'est une vapeur allumée qui brûle sans se consumer : notre corps en est le falot.

La flamme de cette vapeur n'est pas lumière seulement, mais sentiment.

La piété n'est pas une religion, quoiqu'elle soit l'âme de toutes.

On n'a pas *une religion*, quand on a seulement de pieuses inclinations ; comme on n'a pas de patrie, quand on a seulement de la philanthropie.

On n'a une patrie et l'on n'est citoyen d'un pays que lorsqu'on se décide à observer, à défendre certaines lois, à obéir à certains magistrats, et à adopter certaines manières d'agir et d'être.

Douter, dit M. de Servan, c'est sortir d'une

erreur. Il aurait dû ajouter que c'était aussi souvent sortir d'une vérité.

Dieu en vieillard, inconvenance.

La piété est au cœur ce que la poésie est à l'imagination, ce qu'une belle métaphysique est à l'esprit; elle exerce toute l'étendue de notre sensibilité.

Penser à Dieu est une action.

Le ciel est pour ceux qui y pensent.

Rendons-nous agréables à Dieu.
On le peut en tout temps, en tout lieu, en tout état de décadence.
Il vaut mieux s'occuper de l'être que du néant.
Songe donc à ce qui te reste, plutôt qu'à ce que tu n'as plus.

Les Occidentaux n'ont pas la tête propre à inventer des religions.

Il est des choses qu'il faut ignorer, quoique

permises, parce qu'elles sont incertaines, et qu'elles nous sont malfaisantes, telles l'habitation des astres; si leurs globes ont quelques relations avec le nôtre, leurs habitans n'en peuvent avoir avec nous; nous occuper d'eux, c'est nous désoccuper de nos devoirs.

La religion a des enchantemens utiles à nos mœurs, elle nous donne et le bonheur et la vertu.

Expliquer toujours le monde moral par le monde physique, n'est pas sûr; car nous prenons souvent dans le monde physique les apparences pour des réalités, nos conjectures pour des faits. Nous risquons ainsi d'avoir deux erreurs au lieu d'une, en appliquant à un monde les fausses dimensions que nous donnons à l'autre.

Dieu. Il ne serait pas mal de le représenter par des parfums et de la lumière. La lumière au milieu.

Cette vie est le berceau de l'autre.

N° II.

JANSÉNISME.

Les jansénistes font de la grâce une espèce de quatrième personne de la sainte Trinité; ils sont, sans le croire et sans le vouloir, *quaternitaux*.

Saint Paul et saint Augustin trop étudiés, ou étudiés uniquement, ont tout perdu.

Grâce, c'est-à-dire aide, secours, ou mieux, influence divine, céleste rosée : on s'entend alors. Ce mot est comme un talisman dont on peut briser le prestige et le maléfice; en le traduisant, on en dissout tout le danger par l'analyse.

Personnifier les maux est un mal funeste en théologie.

Les jansénistes ont trop ôté au bienfait de la création, pour donner davantage au bienfait de la rédemption; ils ont trop d'horreur de la nature, qui est cependant l'œuvre de Dieu. Dieu avait mis dans la nature plus d'incorruptibilité qu'ils ne le supposent; en sorte que l'infection absolue de la masse était impossible.

Ils ôtent au *père* pour donner au *fils*.

Jansénisme et *molinisme*.

L'un est plus conforme à la raison ; l'autre est plus conforme à la science.

Les jansénistes ont porté dans la religion plus d'esprit de réflexion et plus *d'approfondissement;* ils se lient davantage de ses liens sacrés; il y a dans leurs pensées une austérité qui circonscrit sans cesse la volonté dans le devoir; leur entendement, enfin, a des habitudes plus chrétiennes.

Les jansénistes disent qu'il faut aimer Dieu, et les jésuites le font aimer. La doctrine de ceux-ci est remplie d'inexactitudes et d'erreurs peut-être; mais, chose singulière, surprenante et cependant incontestable, ils dirigent mieux.

Les jansénistes aiment mieux la règle que

le bien; les jésuites aiment mieux le bien que la règle. Les uns sont plus essentiellement savans; les autres plus essentiellement pieux.

Aller au bien par toute voie semblait la devise des uns; *observer la règle à tout prix* était la devise des autres. La première de ces maximes, il faut la dire aux hommes, elle ne peut pas égarer.

La deuxième, il faut quelquefois la pratiquer, mais ne la conseiller jamais. Les gens de bien très-éprouvés sont les seuls qui n'en puissent pas abuser.

Pour bien présider un corps d'hommes médiocres et mobiles, il faut être mobile et médiocre comme eux.

Les jansénistes semblent aimer Dieu sans amour, et seulement par raison, par devoir, par justice.

Les jésuites, au contraire, semblent l'aimer par pure inclination, par admiration, par reconnaissance, par tendresse, enfin par plaisir.

Il y a de la joie dans les livres de piété des jésuites, parce que la nature et la religion y sont d'accord. Il y a dans ceux des jansénistes de la tristesse et une judicieuse contrainte, parce que la nature y est pour ainsi dire perpétuellement mise aux fers par la religion.

Le quiétiste et le janséniste. L'un attend la grâce de Dieu, et l'autre en attend la présence. Le premier attend avec crainte, et l'autre attend avec langueur. Le premier se soumet, le second se résigne, très-inégalement passifs, mais également fatalistes.

Les philosophes pardonnent au jansénisme, parce que le jansénisme est une espèce de philosophie.

Dans les Essais de Nicole, la morale de l'Évangile est peut-être un peu trop raffinée par des raisonnemens subtils.

Il y a dans l'Écriture beaucoup de choses qui, sans être d'une clarté parfaite, sont cependant toutes vraies ; il était nécessaire de nous entretenir par l'obscurité dans la crainte, et dans le mérite de la foi.

Il faut insister sur ce qui est clair, et glisser sur ce qui est obscur ; éclaircir ce qui est incertain par ce qui est manifeste, ce qui est trouble par ce qui est serein, ce qui est nébuleux par ce qui est lucide, ce qui contente la raison par ce qui la contrarie et l'embarrasse.

Les jansénistes ont fait tout le contraire; ils insistent sur ce qui est incertain, nébuleux, affligeant, embarrassant, et glissent sur le reste; ils éclipsent les vérités lumineuses par elles-mêmes, par l'interposition des vérités opaques.

Application : *multi vocati*, voilà une vérité claire; *pauci electi*, voilà une vérité obscure.

« Nous sommes enfans de colère », voilà une vérité sombre, nébuleuse, effrayante.

« Nous sommes tous enfans de Dieu qui
« est venu sauver les pécheurs, et non les
« justes; il aime tous les hommes, il veut les
« sauver tous »; voilà des vérités où il y a de la clarté, de la douceur, de la sérénité, de la lumière.

Rappelons et confirmons la règle, 1° y a beaucoup d'oppositions, et même de contradictions dans l'Écriture et dans les doctrines de l'Église, dont cependant aucune n'est fausse; 2° Dieu les y a mises ou permises pour nous tenir, par l'embarras et par l'incertitude, dans la crainte et le mérite de la foi.

Il faut tempérer ce qui effraie la raison par ce qui la rassure, ce qui est austère par ce qui console.

Les jansénistes troublent la sérénité et n'illuminent pas le trouble.

Il ne faut cependant pas les condamner pour ce qu'ils disent, car cela est vrai; mais pour ce qu'ils taisent, car cela est vrai aussi, et même plus vrai, c'est-à-dire vrai d'une vérité plus facile à saisir, et plus complète dans son cercle et dans tous ses points.

La théologie, quand ils nous l'exposent, n'a que la moitié de son disque, et leur morale ne regarde Dieu que d'un œil.

N° III.

POLITIQUE.

La politique est l'art de connaître et de mener la multitude ou la pluralité. La gloire de cet art est de mener cette multitude, non pas où elle veut, ni où l'on voudrait soi-même, mais où elle doit aller.

Dans les temps qui nous ont précédés, je vois des libertés d'un jour et des siècles de servitude.

Ces Grecs et ces Romains étaient de grands personnages en effet.

Mais en admirant leurs actions, leurs paroles, leurs gestes et leurs attitudes, n'envions pas leur sort; n'aspirons pas à nous faire une histoire qui nous rende semblables à eux;

traitons-les comme ces acteurs dont on aime le jeu, mais dont on n'aime pas le métier.

Savez-vous ce que vous désirez à votre insu dans l'établissement d'un corps législatif? vous désirez un théâtre, et vous voulez vous faire acteurs.

Changez les motifs des révolutions, et vous en changez la nature, la direction et les effets.

« De bonnes lois ne doivent rien abandonner à l'arbitraire des hommes. »

Il y a donc arbitraire partout où il y a liberté illimitée.

Demander cette liberté, sur quoi que ce soit, c'est demander l'arbitraire.

Si tout doit être règle, rien ne doit être libre.

Il faut que le respect envers le prince ôte seul la liberté.

Il faut que les lois seules soient armées.

Liberté de la presse : l'accorder comme on

livre ses armes à un furieux qui se tuera si on les lui donne, et qui vous tuera si on ne les lui donne pas.

Le plus grand besoin d'un peuple est d'être gouverné. Son plus grand bonheur est d'être bien gouverné.

Flatter le peuple dans les tempêtes politiques, c'est comme si on disait aux flots que c'est à eux de gouverner le vaisseau, et au pilote qu'il doit toujours céder aux flots.

Avec le meilleur gouvernement représentatif possible, vous n'auriez encore qu'un mauvais peuple et un sot public.

Un roi doit toujours être un législateur armé, et ne se mettre en tutelle, comme disait Henri IV, que l'épée au côté.

Donner des lois particulières à un peuple, c'est lui donner des frontières morales fortifiées et impénétrables.

Ceux qui veulent gouverner aiment les républiques, ceux qui veulent être bien gouvernés n'aiment que la monarchie.

Si vous voulez que la propriété soit sacrée, faites intervenir le ciel; rien n'est sacré où Dieu n'est pas.

Ce qui rend les guerres civiles plus meurtrières que les autres, c'est qu'on se résout plus aisément à avoir son ennemi pour contemporain que pour voisin : c'est qu'on ne veut pas risquer de garder la vengeance si près de soi.

Le despotisme sacrifie sa puissance à son pouvoir; chaque despote a un règne qui dévore celui de ses successeurs et le sien propre.

Trois choses attachaient les anciens à leur sol natal :
Les temples, les tombeaux et les ancêtres.
Les deux grands points qui les unissaient à leur gouvernement étaient l'habitude et l'ancienneté.
Chez les modernes, l'espérance et l'amour de la nouveauté ont tout changé : les anciens

disaient *nos ancêtres ;* nous disons *la postérité ;* nous n'aimons pas comme eux la patrie, c'est-à-dire le pays et les lois de nos pères; nous aimons plutôt les lois et le pays de nos enfans; c'est la magie de l'avenir et non pas celle du passé qui nous séduit; mais la première est naturelle, la seconde est artificielle.

Toutes les bonnes lois n'ont jamais été que des pratiques, des coutumes réduites en déclarations.

Leur gouvernement n'est pour les Anglais qu'un objet d'inquiétude et de défiance, non d'amour, de repos et de sécurité.

Les lois sont de simples écriteaux placés souvent dans des recoins où personne ne peut les lire.

Si vous voulez que le public ne passe pas par un chemin, fermez-le par une barrière qui arrête dès le premier pas l'homme même le plus distrait. L'impossibilité éloigne mieux que la défense des choses qui sont interdites.

Donner un nouveau gouvernement à une

vieille nation : on peut le lui *imposer*, mais non le lui donner. En ce cas, ce n'est plus là une nation, mais un peuple assujetti par un autre peuple ou par quelques hommes.

Les Français sont de jeunes gens toute leur vie.

On peut *plaider des causes*, mais il ne faut pas *plaider les lois*.

Plaider publiquement les lois ! quelle horrible profanation ! c'est en mettre le germe à nu. La source en doit être sacrée, et, par cette raison, cachée ; et vous l'exposez au grand air, au grand jour !

Quand elles naissent de la discussion, elles ne viennent plus d'en haut, ni du secret de la conscience : elles naissent justiciables de la chicane.

Tous les conquérans ont eu quelque chose de commun dans leurs vues, dans leur génie et leur caractère.

Le droit et la force n'ont entre eux rien de commun par leur nature. En effet, il faut mettre le droit où la force n'est pas; la force étant par elle-même une puissance.

Il y a bien *un droit du plus sage*, mais non pas *un droit du plus fort.*

En toutes choses il faut embellir les rois, pour leur bonheur, pour le nôtre, et pour celui de la société.

Il y a loin du dévouement d'un courtisan à celui d'un citoyen et à celui d'un soldat.

Temps déplorables! où il ne reste plus au genre humain d'autre ressource que de se réfugier dans les montagnes (le ciel) d'où il est descendu.

Sans l'ignorance qui s'approche, nous deviendrions bientôt un peuple absolument ingouvernable.

Il faut placer la Puissance où la Force n'est pas, et la lui donner pour contre-poids; c'est le secret du monde. D'où il suit que plus il y a dans un état de puissance ou de force morale en opposition avec la force réelle ou physique, plus cet état est habilement constitué.

Il n'y a point d'art, point d'équilibre et de beauté politique chez un peuple où la Force et la Puissance se trouvent dans les mêmes mains, c'est-à-dire dans le grand nombre, comme dans les démocraties, dont l'histoire n'a de l'éclat et de l'intérêt que lorsque la Force se déplace réellement par l'effet de l'ascendant de quelque homme vertueux sur les mouvemens de la multitude, qui seule est forte par elle-même et sans fiction.

En Angleterre, le parlement est roi, et le roi est ministre; mais ministre héréditaire, perpétuel, inviolable, à de certaines conditions.

C'est un monarque mutilé, borgne, boiteux et manchot, mais honoré.

Il faut placer dans le temple des sages, et non pas sur les bancs des opinans, ceux dont l'opinion est d'une grande autorité. On doit les employer à décider, mais non pas à délibérer. Leur voix doit faire loi, et non pas faire nombre. Comme ils sont hors de pair, il faut les tenir hors des rangs.

Toute autorité légitime doit aimer son étendue et ses limites.

Oter aux lois leur vétusté, c'est les rendre moins vénérables; si on est réduit à en substituer de nouvelles aux anciennes, il faut donner à celles-là un air d'antiquité.

Il faut qu'il y ait dans toute loi quelque chose qui soit liant ou obligatoire par soi. Tout ce qui n'a pas cette qualité n'est qu'un décret, une ordonnance.

Les gouvernemens sont une chose qui s'établit de soi-même; ils se font, et on ne les fait pas. On les affermit, on leur donne la consistance, mais non pas l'être.

Dans un État bien ordonné, les rois commandent à des rois, c'est-à-dire à des pères de famille, maîtres chez eux, et qui gouvernent leur maison.

Que si quelqu'un gouverne mal la sienne,

c'est un grand mal, mais beaucoup moindre que s'il ne la gouvernait point.

Point de liberté, si une volonté forte n'assure l'ordre convenu.

Une volonté forte, et par cela même puissante, donne à tous les esprits une grande sécurité; du moins on n'a à craindre qu'elle.

Il faut ménager le vent aux têtes françaises et le choisir, car tous les vents les font tourner.

Hors des affections domestiques, tous les longs sentimens sont impossibles aux Français.

Un des plus sûrs moyens de tuer un arbre est de le déchausser et d'en faire voir les racines. Il en est de même des institutions, celles qu'on veut conserver : il ne faut pas trop en déterrer l'origine. Tout commencement est petit.

La liberté est un tyran qui est gouverné par ses caprices.

La vénalité des charges avait au moins cet avantage, que celui qui achetait une judicature n'ayant aucune obligation au pouvoir qui la lui vendait, il en restait indépendant dans ses opinions et dans sa conscience.

C'est parce que les maîtres préposés sont les égaux de leurs subordonnés, qu'il est besoin de les environner de pompe.

Le même sang-froid qui nous fait dire : « l'État est vieux, et il doit périr », serait propre à nous faire dire aussi : « Mon père est âgé, et il doit mourir. »
C'est un sang-froid qui n'est pas permis.

La faiblesse qui ramène à l'ordre vaut mieux que la force qui s'en éloigne, et ce qui nous prive de l'excès nous perfectionne.

Angleterre : c'est de ce pays que sont sorties, comme des brouillards, les idées métaphysiques et politiques qui ont tout obscurci.

Le peuple sait connaître, mais il ne sait pas choisir.

Ce qui vient par la guerre s'en retournera

par la guerre ; toute dépouille sera reprise, tout butin sera dispersé ; tous les vainqueurs seront vaincus, et toute ville pleine de proie sera saccagée à son tour.

La subordination est plus belle que l'indépendance.

L'une est l'ordre et l'arrangement ; l'autre n'est qu'une *suffisance* unie avec l'isolement.

L'une offre un tout bien disposé ; l'autre n'offre que l'*unité* dans sa force et sa plénitude.

L'une est l'*accord*, l'autre est le *ton*.

C'est un grand malheur quand la moitié d'une nation est méprisée par l'autre ; et je ne veux pas seulement parler du mépris des grands pour les petits, mais du mépris des petits pour les grands.

La puissance est une beauté.

Tout pouvoir sans partage n'est pas un pouvoir absolu.

Gouverner sa maison, c'est être vraiment citoyen, c'est là véritablement prendre part au gouvernement général de la cité, en exercer les plus beaux droits, en rendre la marche facile.

La multitude aime la multitude, ou la pluralité dans le gouvernement. Les sages y aiment l'unité.

Mais pour plaire aux sages et pour avoir sa perfection, il faut que l'unité ait pour limites celles de sa juste étendue, que ses limites viennent d'elle; ils la veulent éminente et pleine, semblable à un disque, et non pas semblable à un point.

En parlant du peuple : au lieu d'un peuple esclave, dites un peuple opprimé. La première épithète est un mot de reproches, la seconde un titre de recommandation.

C'est la nécessité, la nécessité seule qui fait tous les gouvernemens.

Depuis l'établissement des parlemens, tout le monde, dans la plupart des causes, était jugé par les mêmes juges. Les juges hors de l'administration de la justice n'étaient les supérieurs, proprement dits, de personne. On était jugé par ses pairs, mais par des pairs plus savans que soi.

Les lois mêmes ne sont pas la règle des mœurs : ni les usages, ni les opinions, ni l'avenir, ni le temps présent même.

Le passé pourrait plutôt l'être, parce qu'il a été éprouvé.

Si les peuples ont leur vieillesse, qu'au moins cette vieillesse soit grave et sainte, et non frivole et déréglée.

Or, tout ce qui est sans règle est déréglé.

Et quelles règles reconnaissons-nous, je vous prie?

Il s'exhale de tous les cris et de toutes les plaintes une vapeur; de cette vapeur il se forme un nuage, et de ce nuage il sort des foudres, des tempêtes, ou du moins des intempéries qui détruisent tout.

Conforme-toi à la nature, elle veut que tu sois médiocre; sois médiocre, cède aux plus sages, adopte leurs opinions, ne trouble pas le monde, puisque tu ne saurais pas le gouverner.

Maintenir et réparer. Belle devise; la plus belle des devises pour un sage gouvernement au sortir des révolutions.

Un roi populaire a presque toujours un langage qui l'est aussi, et l'habitude de parler ainsi maintient presque toujours l'esprit dans le bons sens.

Il ne faut donc pas interdire cette manière de s'exprimer aux princes qui en ont la fantaisie; il faut au contraire l'approuver et la favoriser.

Presque tout ce que nous appelons un abus, fut un remède dans les institutions politiques.

L'administrateur homme d'État est un messager, un voiturier à qui le temps présent est remis en dépôt pour être rendu tel qu'il est, ou meilleur au temps à venir.

On craint aujourd'hui l'austérité de mœurs

et d'opinions dans le prince, plus qu'on n'y craindrait la rapacité, la cruauté, la tyrannie.

Ce qui m'étonne le plus chez les peuples libres, c'est l'ordre, la raison et le bonheur.

Il faut qu'il n'y ait en rien une liberté sans mesure, dans un État bien gouverné, même dans les habits et dans le vivre.
Une liberté sans mesure, en quoi que ce soit, est un mal sans mesure.
L'ordre est dans les dimensions, la dimension dans les limites.

Les révolutions sont des temps où le pauvre n'est pas sûr de sa probité, où le riche n'est pas sûr de sa fortune, ni l'homme innocent de sa vie.

N° IV.

ÉDUCATION.

Il faut rendre les enfans raisonnables, mais non les rendre raisonneurs. La première chose qu'il faut leur apprendre, c'est qu'il est *raisonnable* qu'ils obéissent, et *déraisonnable* qu'ils contestent; l'éducation, sans cela, se passerait en *argumentations*, et tout serait perdu, si tous les maîtres n'étaient pas de bons *ergoteurs*.

Vous ne voyez là que des étudians, et moi j'y vois de jeunes hommes.

Oui, soufflez sur eux cette molle indulgence, et faites fleurir les passions, ils en recueilleront les fruits amers.

Les enfans aiment le style enflé, les mets

plus simples.... On ne peut les servir que dans des plats d'or ou d'argent.

Aux enfans, en littérature, rien que de simple.

La simplicité n'a jamais corrompu le goût, elle ne fait aimer rien de mauvais ; que dis-je ? elle ne le souffre même pas ; tout ce qui est poétiquement défectueux est incompatible avec elle. C'est ainsi que la limpidité de l'eau se détruit par le mélange de toute matière trop terrestre.

Notre goût alimentaire se corrompt par des saveurs trop fortes, et notre goût littéraire, pur dans ses commencemens, par toutes les expressions trop prononcées.

Ne leur donnez que des auteurs où leur âme trouve à la fois un mouvement et un repos perpétuels, qui les occupent sans efforts et dont ils se souviennent sans peine.

Il faut appliquer aux enfans ce que M. de Bonald dit qu'il faut faire pour le peuple :

« Peu pour ses plaisirs ; »

« Assez pour ses besoins ; »

« Et tout pour ses vertus. »

Les maîtres doivent être les guides, et non pas les amis de leurs élèves.

En élevant un enfant, il faut songer à sa vieillesse.

Ce qu'on regrette de l'ancienne éducation, c'est ce qu'elle avait de moral et non ce qu'elle avait d'instructif. C'est le respect qu'on avait pour les maîtres, et celui qu'ils avaient pour eux-mêmes; c'est le spectacle de leur vie et l'idée qu'on s'en faisait; c'est l'innocence de ce temps, et la piété qu'on inspirait à l'enfance pour les hommes et pour le ciel : bonheur de l'homme à tous les âges.

Il faut donner pour exemple aux enfans des phrases où l'accord entre l'adjectif et le substantif soit non seulement grammatical, mais moral; comme : « Le temple saint. »

Mais si vous disiez : « le voleur malheureux », l'accord ne serait pas moral, parce qu'il faut mettre à côté du délit l'idée du châtiment, et non celle de l'infortune.

Le même accord moral doit se trouver entre le nominatif et le verbe. «Les soldats courageux aiment la guerre. » Ce régime n'est pas moral. Il associe et lie inséparablement à l'idée de la bravoure celle de l'attaque et de la querelle.

Mais si vous disiez : « Les soldats courageux aiment la victoire et non le carnage », le régime serait moral; car vous associez alors dans la tête qui la reçoit l'idée du courage à celle de la haine qu'il faut avoir pour la destruction inutile.

Par l'association des idées, le bonheur du premier âge en fait aimer tous les événemens, les mets dont on y fut nourri, les chants qu'on entendit, l'éducation que l'on reçut, même les peines qu'elle causa.

La sévérité glace en quelque sorte nos défauts et les fixe; souvent l'indulgence les fait mourir. Un bon approbateur est aussi nécessaire qu'un bon correcteur.

Tout enfant qui n'aura pas éprouvé de grandes craintes n'aura pas de grandes vertus; les grandes puissances de son âme n'auront pas été remuées; le froid trempe le fer et la crainte trempe les âmes. Ce sont les grandes craintes de la honte qui rendent l'éducation publique préférable à la domestique, parce que la multitude des témoins rend seule le blâme terrible, et que la censure publique est parmi les censures la seule qui glace d'effroi les belles âmes.

Mon fils, ayez l'âme d'un roi, et les mains d'un sage économe.

Il suffit, pour une éducation noble et lettrée, de savoir de la musique et de la peinture ce qu'en disent les livres.

L'éducation ne peut corriger les mœurs que par les manières, les inclinations que par les actions; d'ailleurs elle ne change point le naturel.

La sévérité rend les parens plus tendres. On aime ceux dont on est craint d'une crainte respectueuse.

Il faut favoriser, en éducation, tout ce qui nourrit en nous le principe d'esprit et de vie que nous y portons. Remarquez que je dis tout ce qui nourrit *le principe*, *le principe*, et non pas le *développement*, car ce développement hâtif ruine le germe.

Mathématiques. La préférence exclusive qu'on leur donne dans l'éducation a de grands inconvéniens.

Dialogue. « Que fais-tu donc, mon cher Victor?

— Mon papa, je frappe du pied.

— Et pourquoi frappes-tu du pied?

— C'est que je ne puis pas lire un mot de ma leçon qui est trop difficile.

— Et dis-moi, y a-t-il long-temps que tu trépignes ainsi?

— Oh! non. Il n'y a sûrement qu'une minute.

— Une minute! voyons ce qu'il te faut de temps pour lire ce mot difficile : voilà une montre sur la table, essaie.

— Ar-chi-, architecte! mon papa, il y a architecte.

— Hé bien, pour déchiffrer, tu n'as mis que quinze secondes.

— Ce n'est que le quart d'une minute !

— Justement, mon fils. Il en est de ceci comme de tout le reste. Une autre fois, et pour toujours, souviens-toi bien que le temps que l'impatience met à trépigner, aurait suffi et au-delà pour arriver. »

Sans ignorance point d'amabilité.

Quelque ignorance doit entrer nécessairement dans le système d'une excellente éducation.

N'avoir reçu que l'éducation commune à tous les autres hommes, est un grand avantage pour ceux qui leur sont supérieurs, parce qu'ils leur sont plus semblables.

L'amour et la crainte. Tout ce que le père de famille dit aux siens doit inspirer l'un ou l'autre.

Les enfans doivent avoir pour amis leurs camarades, et non pas leurs pères et leurs maîtres.

« Inspirez, mais n'écrivez pas, » dit Lebrun :

c'est ce qu'il faudrait dire aux professeurs ; mais ils veulent écrire, et ne pas ressembler aux Muses.

« Vaut-il mieux faire du bien aux enfans que « de leur faire plaisir ? »

C'est de la solution de ce problème que doit être précédé le choix de tout système d'éducation.

Dans toutes les classes sans éducation, les femmes valent mieux que les hommes. Dans toutes les classes distinguées, on trouve les hommes supérieurs aux femmes.

C'est que les hommes sont plus susceptibles d'être riches en vertus acquises, et les femmes en vertus naturelles ou natives.

N° V.

DIFFÉRENS AGES DE LA VIE.

Le soir de la vie apporte avec soi ses lumières et sa lampe pour ainsi dire.

Quand les enfans jouent, ils font tous les pas et tous les mouvemens nécessaires pour leur persuader et leur faire mieux imaginer que leurs fictions sont des réalités.

L'amitié qu'on a pour un vieillard a un caractère particulier : on l'aime comme une chose passagère; c'est un fruit mûr qu'on s'attend à voir tomber.

Il en est à peu près de même du valétudinaire; on lui appliquerait volontiers le mot d'Épictète : « J'ai vu casser ce qui était fra-
« gile. »

Si vous appelez vieilli tout ce qui est ancien, si vous flétrissez d'un nom qui porte avec lui une idée de décadence et un sentiment de mépris, tout ce qui a été consacré et rendu plus fort par le temps, vous le profanez et l'affaiblissez : la décadence vient de vous.

« Honorez la vieillesse, car vous vieillirez à
« votre tour », est une maxime très-bonne.

« Honorez la vieillesse, car beaucoup d'hom-
« mes ont vieilli », est une maxime très-belle.

Il y a dans la construction de ces deux pensées une véritable architecture, un vide et des pleins. Dans la première construction, où il n'y a que du plein, tout se suit, tout est continu.

Deux âges de la vie ne doivent pas avoir de sexes; l'enfant et le vieillard doivent être modestes comme des femmes.

Malheur à qui se trompe tard! il ne se détrompera pas.

Pendant notre jeunesse, il y a souvent en

nous quelque chose qui est meilleur que nous-mêmes, je veux dire que nos désirs, meilleur que nos plaisirs, que nos consentemens, que nos approbations.

Notre âme alors est bonne, quoique notre intelligence et notre volonté ne le soient pas.

La vieillesse aime le peu, et la jeunesse aime le trop.

Le laboureur, le militaire, le portefaix sent qu'il vieillit; l'oisif studieux le sait, mais il le sent peu; il est toujours également propre à ses études.

A cinquante ans, le progrès pour le philosophe est de rétrograder, et de voir où il a failli.

Le désabusement dans la vieillesse est une grande découverte.

Chose effrayante et qui peut être vraie:
Les vieillards aiment à survivre.

Un seul âge est propre à recevoir les semences de la religion. Elles ne germent pas sur un sol qu'ont ravagé ou qu'ont desséché et durci les passions.

Les vieillards et les mourans te prédisent ta perte.

Les vieillards et les mourans, qui sont les plus sages des hommes.

La lenteur de l'âge rend facile la patience dans le travail.

Vieillesse : quelques uns la portent la tête levée et le corps droit.

Il faut réjouir les vieillards.

Il n'y a d'heureux par la vieillesse que le vieux prêtre, et ceux qui lui ressemblent.

Le ciel a donné aux enfans une grande abondance de larmes.

Les passions des jeunes gens sont des vices dans la vieillesse.

Les plus jeunes ne sont pas dans le devoir

quand ils n'ont pas de déférence pour les plus âgés ; ni les plus âgés, quand ils n'exigent rien des plus jeunes.

L'enfant prononce les mots avec la mémoire long-temps avant de les prononcer avec la langue.

Les vieillards ont la mémoire des choses anciennes, et n'ont pas la mémoire des choses récentes; *se souvenir de loin*, dit le peuple.

Les vieillards ont dans la mémoire le même défaut qu'ils ont dans la vue; l'on peut dire d'eux qu'ils ont la mémoire longue.

Ceux qui ont une longue vieillesse sont comme purifiés du corps.

La vieillesse n'ôte à l'homme d'esprit que des qualités inutiles à la sagesse.

Rien ne coûte tant aux enfans que la réflexion; c'est que la dernière et essentielle destination de l'âme est de voir, de connaître et non de réfléchir; réfléchir est un des travaux de la vie, un moyen d'arriver, un chemin, un passage et non pas un centre. Connaître et être connu, voilà les deux points de repos ; tel sera le bonheur des âmes.

La vieillesse devait être, en effet, plus honorée dans des temps où chacun ne pouvait guère savoir que ce qu'il avait vu.

L'âge mûr est capable de tous les plaisirs du jeune âge dans sa fleur, et la vieillesse capable de tous les plaisirs de l'enfance.

La sagesse philosophique des jeunes gens est toujours folle par quelque point.

Comment, dans les troubles de l'âge, garderait-on l'équilibre de la raison ? comment aurait-on une raison droite, quand le cœur a tant de penchant, le sang tant de turbulence et de fougue ?

Il n'y a de belle vieillesse que celle qui est patriarcale ou sacerdotale, et de vieillesse aimable que celle du lévite ou du courtisan.

L'homme est toujours enfant, mais il n'est pas toujours jeune : ainsi tout ce qui est adapté à la nature de l'enfant, est adapté à la nature humaine, mais non pas ce qui est adapté à la nature du jeune homme.

La vieillesse est amie de l'ordre, par cela même qu'elle est amie de son repos.

La jeunesse aime toutes les sortes d'imitations ; mais l'âge mûr les veut choisies, et la vieillesse n'en veut plus que de belles.

Pour bien faire, il faut oublier qu'on est vieux quand on est vieux, et ne pas trop sentir qu'on est jeune quand on est jeune.

Adressez-vous aux jeunes gens, ils savent tout.

Il est un âge où les forces de notre corps se déplacent et se retirent dans notre esprit.

Un jeune homme méfiant est en danger d'être un jour fourbe.

Chaque année il se fait en nous un nœud comme dans les arbres : quelque branche d'intelligence se développe, où se couronne et se durcit.

La politesse aplanit les rides.

Il y a dans les vêtemens propres et frais une sorte de jeunesse dont la vieillesse doit s'entourer.

En vieillissant, on aime l'ordre et l'arrangement autour de soi; ce dernier, comme un moyen de commodité, comme aidant à la mémoire, comme épargnant la peine et facilitant les souvenirs.

Les vieillards robustes ont seuls la dignité de la vieillesse, et il ne sied qu'à eux de parler de leur art. La vieillesse est en eux dans sa beauté, on l'y aime.

Les délicats doivent faire oublier la leur et l'oublier eux-mêmes; il ne leur est permis de parler que de leur débilité.

La vieillesse, voisine de l'éternité, est une espèce de sacerdoce, et si elle est aussi sans passions, elle nous consacre : elle semble donc être autorisée à opiner sur la religion, mais avec défiance, avec crainte. Si on n'a plus alors de passions, on en a eu et on en a les habitudes ; si on est voisin de Dieu, on a gardé les impressions de la terre; enfin, on s'est long-temps trompé; il faut craindre de se tromper encore, et surtout de tromper les autres.

Il faut recevoir de bonne grâce les difformités que l'âge amène et qui nous envahissent.

Une belle vieillesse est pour tous les hommes qui la voient une belle promesse, car chacun peut en concevoir l'espérance pour soi ou pour les siens.

C'est la perspective d'un âge où l'on se flatte d'arriver; on aime à voir que cet âge a de la beauté.

Les valétudinaires n'ont pas, comme les autres hommes, une vieillesse qui accable leur esprit par la ruine subite de toutes leurs forces ; ils gardent jusqu'à la fin les mêmes langueurs, mais aussi le même feu et la même vivacité, accoutumés qu'ils sont à se passer de corps.

Tant qu'il conserve sa raison, il reste à l'homme assez de feu, assez d'esprit et assez de mémoire pour converser avec le ciel et avec les âmes simples et bonnes, cela suffit; tout le reste est un superflu qui ne sert que pour les affaires, pour les plaisirs, pour les honneurs et pour les amusemens.

Et quelles affaires a-t-on? de quels honneurs, de quels plaisirs a-t-on besoin, quand on n'a rien de nouveau à demander à la fortune, quand on est sage et qu'on est vieux?

Il est des hommes dont la vieillesse est meilleure que leur vie; mais peut-elle être meilleure que leur nature? La vieillesse qui devient plus douce est-elle meilleure pour cela?

C'est l'enfance qui fait la vie, et surtout la vieillesse.

Les vertus religieuses ne font qu'augmenter avec l'âge; elles s'enrichissent de la ruine des passions et de la perte des plaisirs. Au contraire, les vertus purement humaines en diminuent et s'en appauvrissent.

On peut avancer long-temps dans la vie sans y vieillir.

Beauté : la vieillesse en a les ruines, l'enfance en offre les commencemens.

Tout enfant impie est un enfant méchant ou débauché.

Quand je vois des jeunes gens tels que ceux de nos jours, je dis que le ciel veut perdre le monde.

La première et la dernière partie de la vie humaine sont ce qu'elle a de meilleur, ou du moins de plus respectable ; l'une est l'âge de l'innocence, l'autre l'âge de la raison.

N° VI.

LITTÉRATURE : — POÉSIE ; DIVERSES SORTES. L'ART ET LES ARTS. STYLES : LEURS QUALITÉS ET LEURS DÉFAUTS. CRITIQUE. GENRES D'OUVRAGES. LIVRES. LANGUES. LE BEAU, LE SUBLIME, LE TEMPÉRÉ ; ÉLOCUTION, EXPRESSION, ÉLOQUENCE. MÉTAPHYSIQUE, LOGIQUE, etc.

L'affectation tient plus aux mots ; la *prétention* à la vanité de l'écrivain.

La prétention choque infailliblement et avec raison.

L'affectation ne déplaît pas toujours, le temps l'efface.

Il y a deux sortes *d'affectation* ou de *recherche*, ou plutôt de deux caractères.

Par l'une, l'auteur semble dire seulement au lecteur : *Je veux être clair*, ou *je veux être exact*, et alors il ne déplaît pas ; mais quelquefois il semble dire aussi : *Je veux briller*, et alors on le siffle.

Règle générale : toutes les fois que l'écrivain ne songe qu'à son lecteur, on lui pardonne ; s'il ne songe qu'à lui, on le punit.

On trouve dans certains livres des lumières artificielles assez semblables à celles des tableaux, et qui se font par la même sorte de mécanisme, en amoncelant les obscurités dans certaines parties, et en les délayant dans d'autres.

Il naît de là une certaine magie de clair-obscur qui n'éclaire rien, mais qui paraît donner quelque clarté à la page où elle se trouve, qui serait plus véritablement éclairée si tout le papier était blanc.

Être naturel dans les arts, c'est être *sincère*.

Pour exceller dans la pratique ou dans la connaissance des arts, il faut beaucoup de pénétration et beaucoup de sang-froid.

Or, celui-là fait preuve de sang-froid qui a eu la patience d'étudier et d'apprendre à fond les procédés et la langue du métier. S'il réunit à cette qualité une juste idée du but ou de l'objet de l'art, c'est un savant et un critique du premier ordre dans cette partie.

Sans les allusions à la Bible, il n'y aurait plus dans les bons livres écrits en notre langue rien de naïf, de familier, de populaire.

Dans le tempéré, et dans tout ce qui est inférieur, on dépend malgré soi des temps où l'on vit, et, malgré qu'on en ait, on parle comme tous ses contemporains.

Mais dans le beau et le sublime, et dans tout ce qui y participe en quelque sorte que ce soit, on sort des temps, on ne dépend d'aucun ; et dans quelque siècle qu'on vive, on peut être parfait, seulement avec plus de peine en certains temps que dans d'autres.

On demande sans cesse de nouveaux livres, et il y a dans ceux que nous avons depuis long-temps des trésors inestimables de science et d'agrémens qui nous sont inconnus, parce que nous négligeons d'y prendre garde.

Il y a une sorte de netteté et de franchise de

style qui tient à l'humeur et au tempérament, comme la franchise au caractère.

On peut l'aimer, mais on ne doit pas l'exiger.

Voltaire l'avait, les anciens ne l'avaient pas.

Ces Grecs inimitables avaient toujours un style vrai, un style convenable, un style agréable et aimable, mais non pas un style franc.

Cette qualité est d'ailleurs incompatible avec d'autres qui sont essentielles à la beauté.

Elle peut s'allier avec la grandeur, mais non avec la dignité.

Il y a en elle quelque chose de courageux et de hardi, mais aussi quelque chose d'un peu brusque.

Le seul *Drancès* dans Virgile a le style franc, et en cela il est moderne; il est français.

Il ne faut qu'un sujet à un ouvrage ordinaire; mais pour un bel ouvrage, il faut un germe qui se développe de lui-même dans l'esprit comme une plante.

Il faut que l'ouvrier ait la main hors de son ouvrage, c'est-à-dire qu'il n'ait pas besoin de l'appuyer par ses explications, par ses notes et par ses préfaces : que la pensée soit subsistante hors de l'esprit, c'est-à-dire hors des systèmes ou des intentions de l'auteur.

On rapporte qu'un chanteur des rues chantait mal, et cependant charmait les écoutans.
C'est qu'il avait de l'expression ; c'est qu'on sentait dans son chant l'émotion et le plaisir qu'il se causait *sincèrement* à lui-même, et il les communiquait.

Des belles-lettres. Où n'est pas l'agrément et quelque sérénité, là ne sont plus les belles-lettres.
Quelque aménité doit se trouver même dans la critique ; si elle en manque absolument, elle n'est plus littéraire. On ne voit plus dans nos journaux qu'une controverse hideuse. Où il n'y a aucune délicatesse, il n'y a point de littérature.

Que de soin pour polir un verre ! Mais on voit clair, et on voit loin. Image de ces mots de choix : on les place dans la mémoire, on les y garde chèrement ; ils occupent peu de place devant nos yeux, mais une grande dans l'esprit; il en fait ses délices : et cette gloire est assez grande, ce sort est assez beau.

Il y a des vers qui par leur caractère semblent appartenir au règne minéral; ils ont de la ductilité et de l'éclat.

D'autres au règne végétal; ils ont de la séve.

D'autres enfin appartiennent au règne animal ou animé, et ils ont de la vie.

Les plus beaux sont ceux qui ont de l'âme; ils appartiennent aux trois règnes, mais à la muse encore plus.

Lorsqu'au lieu de substituer les images aux idées on substitue les idées aux images, on embrouille son sujet, on obscurcit sa matière, on rend moins clairvoyant l'esprit des autres et le sien.

Si l'œil n'était pas facile à séduire, les plaisirs que donne l'art de la peinture ne pourraient pas exister. Nous ne pourrions prendre ce qui est plane ni pour saillant ni pour enfoncé;

le dessin même de Raphaël ne nous offrirait que des hachures et un griffonnage insignifiant. Il est ainsi de l'art d'écrire : si le lecteur n'a pas une imagination qui ait le caractère de l'œil, Virgile n'a plus de beautés.

Le goût augmente la mémoire : il y a la mémoire du goût; on se souvient de ce qui a plu.

Il y a aussi la mémoire de l'imagination : on se souvient de ce qui a charmé.

Il est des esprits semblables à ces miroirs convexes ou concaves qui représentent les objets tels qu'ils les reçoivent, mais qui ne les reçoivent jamais tels qu'ils sont.

Il y a dans la langue française de petits mots dont presque personne ne sait rien faire.

Les premiers poëtes ou les premiers auteurs rendaient sages les hommes fous. Les auteurs modernes cherchent à rendre fous les hommes sages.

Il faut traiter les langues comme les champs,

il faut pour les rendre fécondes, lorsqu'elles ne sont plus nouvelles, les remuer à de grandes profondeurs.

L'esprit n'a point de part à la véritable poésie ; elle sort de l'âme seule ; elle vient dans la rêverie ; mais, quoi qu'on fasse, la réflexion ne la trouve jamais ; elle est un don du ciel qui l'a mise en nous.

L'esprit cependant la prépare, en offrant les objets à l'âme ; la réflexion qui les déterre, en quelque sorte, y sert aussi par la même raison.

L'émotion et le savoir : voilà sa cause et voilà sa matière. La matière sans cause ne sert à rien ; la cause sans matière vaudrait mieux ; une belle disposition qui reste oisive se fait au moins sentir à celui qui l'a, et le rend heureux.

Un fort théologien ; un fort métaphysicien.
J'aimerais presque autant entendre dire un fort poëte.
Avoir fortement des idées, ce n'est rien ; l'important est d'avoir des idées fortes, c'est-à-dire où il y a une grande force de vérité. La

vérité, ni sa force, ne dépendent point de la tête d'un homme.

On appelle un homme fort celui qui tient tête aux objections; mais ce n'est là qu'une force d'attitude.

Un trait obtus, lancé d'une main forte, peut frapper fortement : c'est qu'ici on va du corps au corps; mais de forts poumons et un fort entêtement ne donneront point de vraie efficacité à une idée faible fortement dite, parce que l'esprit seul va à l'esprit.

Les mots sont comme des verres, ils obscurcissent tout ce qu'ils n'aident pas à mieux voir.

Il n'est pas nécessaire qu'il y ait de l'amour dans un livre pour nous charmer; mais il est nécessaire qu'il y ait beaucoup de tendresse.

Naturellement, l'âme se chante à elle-même tout ce qui est beau, ou tout ce qui semble tel.

Elle ne se le chante pas toujours avec des vers ou des paroles mesurées, mais avec des expressions et des images où il y a un certain sens, un certain sentiment, une certaine forme et une certaine couleur qui ont une certaine harmonie l'une avec l'autre, et chacune en soi.

Quand il arrive à l'âme de procéder ainsi, on sent que les fibres se montent et se mettent toutes d'accord. Elles résonnent d'elles-mêmes et malgré l'auteur, dont tout le travail consiste alors à s'écouter, à remonter la corde qu'il entend se relâcher, et à détendre celle qui rend des sons trop hauts, comme sont contraints de le faire ceux qui ont l'oreille délicate quand ils jouent de quelque harpe.

Ceux qui ont produit quelque pièce de ce genre m'entendront bien, et avoueront que pour écrire ou composer ainsi, il faut *jouer*, et que pour jouer de la sorte, il faut d'abord faire de soi ou deviner à chaque ouvrage un instrument organisé.

Le style oratoire a souvent les inconvéniens de ces opéras dont la musique empêche d'entendre les paroles : ici les paroles empêchent de voir les pensées.

Il est beaucoup d'écrits dont il ne reste,

comme du spectacle d'un ruisseau roulant quelques eaux claires sur de petits cailloux, que le souvenir des mots qui ont fui.

Nous ne prenons plus garde dans les livres à ce qui est beau ou à ce qui ne l'est pas, mais à ce qui nous dit du bien ou du mal de nos amis et de nos opinions.

Il faut que les mots naissent des pensées, et que les phrases naissent des mots.

Le jugement est une faculté froide et forte; l'esprit, une qualité délicate et vive.

En métaphysique, bien imaginer, c'est bien voir, et même en physique. Si on n'imagine pas, on ne voit qu'à demi : et qui ne sait rien imaginer ne montre rien clairement et ne fait rien connaître. L'essence et l'être de la matière elle-même sont tout spirituels.

Le mot *âme* est transparent, le mot *sentiment* ne l'est pas ; il attire, il est vrai, l'attention, mais il la retient tellement qu'il ne la laisse point passer outre ; cela suffit pour l'exclure et pour admettre le mot *âme*, en expliquant l'homme. Rivarol s'est mépris et s'est abusé. Les idées claires laissent voir toutes les autres au lieu de les masquer, et n'occupent que d'elles seules. Le mot *sentiment* intéresse, mais il n'éclaire pas, et il n'éclaircit rien.

Il faut que la danse donne l'idée d'une légèreté et d'une souplesse pour ainsi dire incorporelles.

Tout l'effet des beaux-arts a pour mérite unique, et tous doivent avoir pour but, de faire imaginer des âmes par le moyen des corps.

L'esprit dans nos ouvrages s'évapore en passant à travers les siècles ; il n'y a que ce qu'ils ont de vrai suc et de solidement substantiel qui puisse subsister long-temps.

On peut dire aussi que *le sel* dans nos ouvrages les conserve, et que l'esprit même (en plaisant aux contemporains) fait que les premières générations les recommandent aux suivantes avec plus de soin, et que celles-ci s'accoutument successivement à les transmettre comme à les recevoir. Le mérite passé de nos livres leur fait jusqu'à la fin un bien présent.

Mais il faut que *le sel* soit *pur*, soit *blanc* et distribué avec beaucoup d'intelligence.

Il faut que le poëte soit non seulement le Phidias et le Dédale de ses vers, mais aussi le Prométhée, et qu'avec la figure et le mouvement il leur donne l'âme et la vie.

Ce qu'on commence et qu'on n'achève pas sert de pierre à quelque autre entreprise.

Il faut qu'un ouvrage de l'art ait l'air, non pas d'une réalité, mais d'une idée.

Ce n'est pas ce qu'on dit, mais ce qu'on fait entendre; ce n'est pas ce qu'on peint, mais ce qu'on fait imaginer, qui est important dans l'éloquence et dans les arts.

On peut donner aux hommes des idées justes en employant des procédés qui sont trompeurs, et produire la vérité par l'erreur et l'illusion.

Tous les anciens avaient dans l'esprit beaucoup moins de mouvement que nous; ils auraient cru pécher contre la bienséance s'ils en avaient montré autant : aussi leurs livres et leurs statues offrent de perpétuels modèles de modération.

Dans la sculpture, l'idée ou l'expression est toute à la surface; dans la peinture, elle doit être dans le fond : la beauté est en creux dans celle-ci, en relief dans celle-là.

Dans les objets corporels, par exemple dans un édifice, la grandeur se considère de droite à gauche, ou de gauche à droite; mais dans les matières intellectuelles, elle se prend de bas en haut. L'étendue d'un palais se mesure d'orient en occident, ou du midi au septentrion; mais l'étendue d'un ouvrage, d'un livre, se toise de la terre au ciel; en sorte qu'il peut se trouver autant d'étendue et de puissance d'esprit dans un petit nombre de pages et dans une ode, que dans un long poëme épique tout entier.

J'appelle imagination la faculté de rendre sensible tout ce qui est intellectuel, d'incorporer ce qui est esprit; en un mot, de mettre au jour, sans le dénaturer, ce qui est de soi-même invisible.

Dans le langage ordinaire, les mots servent à rappeler les choses; mais quand le langage est vraiment poétique, les choses servent toujours à rappeler les mots.

S'il y a des esprits qui produisent plus vite que d'autres, c'est qu'ils ont été plus tôt ensemencés.

Ceux qui ne pensent jamais au-delà de ce qu'ils disent, et qui ne voient jamais au-delà de ce qu'ils pensent, ont le style très-décidé.

Il y a dans l'art beaucoup de beautés qui ne deviennent naturelles qu'à force d'art.

Le style familier est ennemi du *nombre*, et il faut rompre celui-ci, pour que celui-là soit ou paraisse naturel.

Le rhythme s'opère par des cadences, comme l'harmonie par des sons. C'étaient des cadences et non des sons, du rhythme et non de l'harmonie, que les accens et la mesure des syllabes longues ou brèves opéraient dans les langues des Grecs et des Latins.

Il faut avant tout, pour qu'une personne, une chose, une production soient belles, que l'espèce ou le genre en soient beaux : sans cette condition, il n'y aura pas là de beauté intérieure et qui puisse toucher notre âme; car il n'y a de touchant et de pénétrant que ce qui vient de Dieu, de l'âme et du dedans.

Il est des ouvrages où il n'y a pas précisément une belle poésie; mais ils en donnent l'idée, et tout ce qui en donne l'idée charme l'esprit.

On peut en dire autant de beaucoup de tableaux, qui donnent l'idée d'une belle peinture sans qu'elle y soit, et même de quelques livres.

Anacharsis, par exemple, donne l'idée d'un beau livre et ne l'est pas.

Racine et Fénélon, eux-mêmes, donnent de leur génie ou de leur âme une idée supérieure à ce qu'ils en laissent voir.

Dans l'art et dans la nature, il y a des individus et des ouvrages qui plaisent plus qu'eux-mêmes, en quelque sorte, parce qu'ils appartiennent visiblement à un beau genre; c'est alors l'espèce qui est belle, et qui seule embellit; la personne ou la chose en sont empreintes.

Aujourd'hui le style a plus de fermeté, mais il a moins de grâce; on s'exprime plus nettement, et moins agréablement; on articule trop distinctement pour ainsi dire.

Il faut que la fin d'un ouvrage fasse toujours souvenir du commencement.

Sans emportement ou sans entraînement, ou plutôt encore sans ravissement d'esprit, point de génie.

Il est beaucoup d'idées et de mots qui ne servent de rien pour s'entretenir avec les autres, mais qui sont excellens pour s'entretenir avec soi-même, semblables à ces choses précieuses qui n'entrent point dans le commerce, mais qu'on est heureux de posséder.

La logique, la physique, la morale et la métaphysique, si vous voulez les rendre véritablement scolastiques ou classiques pour le fonds et pour le style, doivent être ce que je vais dire :

La physique moderne, la morale chinoise, la métaphysique chrétienne et la logique péripatéticienne.

Il n'y a que les modernes qui aient bien connu les corps, que les sages Chinois qui aient bien raisonné la morale (que la Bible enseigne mieux qu'eux).

Les chrétiens ont fixé et réduit en un corps les meilleures opinions sur les substances spirituelles, et Aristote a seul traité les abstractions comme elles doivent l'être : son langage et sa méthode en ce genre sont parfaits.

Autant Platon est supérieur à Mallebranche, autant Aristote est supérieur à Looke et à Condillac.

L'esprit aime l'ordre, mais non pas celui qui tient à la contrainte, et qui n'est qu'un enchaînement voulu par celui qui le fait.

L'ordre littéraire et poétique tient à la succession naturelle et libre des mouvemens ; il faut qu'il y ait entre les parties d'un ouvrage de l'harmonie et des rapports, que tout s'y tienne, mais que rien n'y soit cloué.

La critique est un exercice méthodique du discernement. Cicéron, dans son érudition, a montré plus de goût et de discernement que de critique.

Celui qui en toutes choses appellerait un chat *un chat*, serait un homme franc, et pourrait être un honnête homme, mais non pas un bon écrivain ; car pour bien écrire, le mot propre et suffisant ne suffit réellement pas.

Il ne suffit pas d'être clair et d'être entendu, il faut plaire, il faut enchanter ; il faut séduire et mettre des illusions dans tous les yeux ; j'entends des illusions qui éclairent, et non des illusions qui trompent et dénaturent les objets.

Ce qui fait tous les maux de notre littérature, c'est que nos savans ont peu d'esprit, et que nos hommes d'esprit ne sont pas savans.

C'est de l'impossibilité de raisonner que naquirent les arts, l'apologue, etc., et c'est encore de l'inaptitude à raisonner, ou de l'ennui de raisonner sans cesse, que naissent, dans les âmes vives, la poésie, l'éloquence, la métaphore, etc. : voilà certes un grand avantage.

Il y a harmonie pour l'esprit toutes les fois qu'il y a parfaite propriété dans les expressions.

Or, toutes les fois que l'esprit est satisfait, il prend peu garde à ce que désire l'oreille.

La haute poésie est chaste et pieuse par essence : sa place naturelle la tient élevée au-dessus de la terre, et la rend voisine du ciel. Semblable aux esprits immortels, elle voit les âmes et les pensées, et peu les corps.

Les sciences sont un aliment qui enfle ceux qu'il ne nourrit pas ; il faudrait le leur interdire. Ce mets vanté leur fait dédaigner une autre nourriture qui serait meilleure pour eux, aveuglés et flattés de leur faux embonpoint.

Si les hommes à imagination sont quelquefois dupes des apparences, les esprits froids le sont aussi souvent de leurs combinaisons.

Lorsque les mots sont bien choisis, ils sont

des abrégés des phrases ; les mots sont les corps et le lien extérieur des pensées.

Les mots sont des lieux transparens, des miroirs, et les seuls où soient visibles nos pensées.

Ce n'est pas tant le son que le sens des mots qui tient souvent en suspens la plume des bons écrivains.

Il est des mots amis de la mémoire ; ce sont ceux-là qu'il faut employer. La plupart mettent leurs soins à écrire de telle sorte qu'on les lise sans obstacle ou sans difficulté, et qu'on ne puisse en aucune manière se souvenir de ce qu'ils ont dit ; leurs phrases amusent la voix, l'oreille, l'attention même, et ne laissent rien après elles ; elles flattent, elles passent comme un son qui sort d'un papier qu'on a feuilleté.

Il y a des pensées qui n'ont pas besoin de corps, de forme, de miroir, d'expression, etc. Il suffit, pour les montrer ou les faire entendre, de les désigner vaguement et de les faire bruire. — Au premier mot, on les entend, on les voit.

Ce sont les pensées seules, les pensées prises

isolément, qui caractérisent un écrivain. On a raison de les nommer des traits, et de les citer; elles montrent la tête et le visage, pour ainsi dire; le reste ne fait voir que les mains. Il y a des fantômes d'auteurs et des fantômes d'ouvrages.

Une mollesse qui n'attendrit pas, une énergie qui ne fortifie rien, — une concision qui ne dessine aucune espèce de traits, un style dans lequel ne coulent ni sentimens, ni images, ni pensées, ne sont d'aucun mérite.

Nos pères jugeaient des livres par leur goût, par leur conscience et leur raison. Nous en jugeons par les émotions qu'ils nous causent.

Ce livre peut-il nuire ou peut-il servir? — est-il propre à perfectionner ou à corrompre les esprits? — fera-t-il du bien ou du mal? — Grandes questions que se faisaient nos devanciers.

Nous demandons : Le livre fera-t-il plaisir?

L'art de bien dire ce qu'on pense est différent de la faculté de penser : celle-ci peut être très-grande en profondeur, en hauteur et en étendue, et l'autre ne pas exister; le talent de bien exprimer n'est pas celui de concevoir; le premier fait les grands écrivains, le second fait les grands esprits. Ajoutez que ceux mêmes qui ont ces deux qualités en puissance ne les ont pas toujours en exercice, et éprouvent souvent que l'une agit sans l'autre.

Que de gens ont une plume et n'ont pas d'encre!

Combien d'autres ont une plume, de l'encre, et n'ont pas de papier, c'est-à-dire de matière où puisse s'exercer leur style!

Le poli et le fini sont au style ce que le vernis est aux tableaux; il les conserve, les fait durer, les éternise en quelque sorte.

Ce n'est qu'en cherchant les mots qu'on trouve les pensées.

Je suis las de ces livres où il n'est jamais question ou parlé que de la matière. On dirait que les sciences ne sont étudiées et traitées que par des exploiteurs de mines, des maçons, des charpentiers, des tisserands, des arpenteurs ou des banquiers. Je ne sais si cette manière de s'instruire et d'instruire les autres est favorable à la prospérité des arts, mais à coup sûr elle est funeste à l'élévation de l'esprit et pernicieuse aux mœurs.

Nos pensées sont tantôt une image du monde, tantôt une production de notre esprit, et tantôt un ouvrage ou une fabrication de notre volonté échauffée.

Quand elles sont une image du monde, elles peignent la vérité.

Si elles sont une simple production de notre esprit, elles représentent notre esprit, et peignent encore quelque chose.

Mais si elles sont l'ouvrage ou la fabrication de notre seule volonté, elles ne peignent rien de vrai et de propre à faire plaisir. Ce sont des traits bizarres, des caprices de l'écrivain.

Il est une espèce d'hommes que l'amour des arts possède tellement, qu'ils ne regardent plus l'art comme une chose qui est faite pour le monde, mais le monde, les mœurs, les hommes et la société, comme des choses qui sont faites pour l'art, subordonnant tout, et la morale même, à la statuaire; ils regrettent la nudité, la gymnastique, les athlètes, par dévouement aux sculpteurs; c'est qu'ils aiment les arts plus que les mœurs, et les statues plus que leurs propres enfans.

Pour qu'une expression soit belle, il faut qu'elle dise plus qu'il n'est nécessaire, en disant pourtant avec précision ce qu'il faut. Il faut que *le trop* et *l'assez* s'y trouvent réunis, et qu'il y ait en elle abondance et économie; il faut que *l'étroit* et *le vaste*, *le peu* et *le beaucoup* s'y confondent; il faut que le son en soit bref et le sens infini.

Tout ce qui est lumineux a ce caractère; une lampe et sa mèche éclairent à la fois parfaitement l'objet auquel on les applique, et vingt autres auxquels on ne songeait pas à les appliquer.

Les beaux vers sont ceux qui s'exhalent comme des sons ou des parfums.

Les anciens ne savaient presque jamais bien nettement ce qu'ils pensaient; ils fouillaient peu dans leur esprit. Occupés du soin de bien dire, ils se contentaient du plaisir que leur faisaient leurs propres mots, ne cherchant dans la réflexion que ce qu'ils pouvaient se procurer de beauté par elle.

On parle de leur imagination : c'est de leur goût qu'il faut parler; lui seul réglait toutes leurs opérations, appliquant leur discernement à ce qui était beau et convenable.

Leurs philosophes mêmes n'étaient que de beaux écrivains dont le goût était plus austère.

Vérité dans le style : c'est une qualité indispensable et qui suffit pour rendre recommandable un écrivain.

Si, sur toutes sortes de sujets, nous voulions écrire aujourd'hui comme on écrivait du temps de Louis XIV, nous n'aurions point de *vérité dans le style;* car nous n'avons plus les mêmes mœurs, les mêmes humeurs et les mêmes opinions.

Une femme qui voudrait écrire comme Mme de Sévigné serait ridicule, parce qu'elle n'est pas Mme de Sévigné. Un écrivain qui voudrait faire des vers comme Boileau aurait raison, quoiqu'il ne soit pas Boileau, parce qu'il ne s'agit ici que de prendre un masque de poëte. On joue un rôle plutôt qu'on n'est un personnage.

Plus le genre dans lequel on écrit tient au caractère de l'homme, aux mœurs du temps où l'on écrit, plus *la vérité dans le style* exige qu'on s'écarte des vrais modèles, qui n'ont été modèles que parce qu'ils ont eu éminemment et heureusement cette qualité. Le bon goût lui-même permet alors qu'on s'écarte du meilleur goût. Si on n'employait que les procédés de celui-ci, il est des circonstances où l'on ne représenterait rien au naturel.

Le goût change avec les mœurs, et même le bon goût; mais ce qu'on ne peut dire et peindre que par le mauvais goût, ne doit être ni dit ni peint.

Il est des genres et des matières immuables. Dans ce cas, il faut observer les modèles et s'y conformer strictement. Je crois qu'un orateur sacré ferait bien d'écrire et de penser toujours comme aurait écrit et pensé Bossuet. Il ne s'agit point ici d'humeurs; les mœurs et les opinions ecclésiastiques doivent toujours être les mêmes.

Le goût en littérature est devenu tellement

domestique, et l'approbation tellement dépendante du plaisir, qu'on cherche d'abord dans un livre l'auteur, et dans l'auteur ses passions ou ses humeurs : si elles sont semblables aux nôtres nous l'aimons ; autrement, nous le rejetons. Le vrai et le beau, par ce qui est le vrai et par ce qui est le beau en soi, ne nous intéresse point tout seul : ce n'est plus la paix du cœur et de l'esprit que nous cherchons dans les livres, mais le trouble des émotions. Aussi y faut-il du mélange pour nous plaire.

Ce n'est plus un sage que nous cherchons dans un auteur, et que nous voulons y trouver, mais un amant et un ami, ou du moins un acteur qui se représente lui-même, et dont le rôle et le jeu charment nos goûts beaucoup plus que notre raison. Nous voulons que les livres nous rendent, non pas meilleurs, mais plus contens que ceux qui les ont faits, excitent en nous une sorte de goût sensible ; qu'ils aient de la chair et du sang avec de l'esprit et de l'âme. Nous haïssons, ou du moins nous ne saurions plus admirer de purs esprits.

Les ouvrages des anciens, même les médiocres, sont tous empreints d'un beau type.

Il est bien question dans les tragédies d'intriguer l'esprit ! c'est le cœur qu'il faut occuper ; c'est le cœur que l'on distrait.

Les vers ne s'estiment ni au nombre ni au poids, mais au titre.

On ne doit mettre dans un livre que la dose d'esprit qu'il faut, mais on peut en avoir dans la conversation plus qu'il ne faut.

Il y a telle pensée qui contient l'essence d'un livre tout entier ; telle phrase qui a les beautés d'un vaste ouvrage ; telle unité qui équivaut à un nombre ; enfin telle simplicité si achevée et si parfaite, qu'elle égale en mérite et en excellence une grande et glorieuse composition.

L'éloquence *courte* est naturellement celle du peuple et des enfans ; elle admet des expressions riches et même de plus riches que l'autre.

Toutes les formes de style sont bonnes, pourvu qu'elles soient employées avec goût ;

il y a une foule d'expressions qui sont défauts chez les uns et beautés chez les autres.

Dire beaucoup de choses en peu de mots fut l'art des écrivains postérieurs.

Ne dire que de belles choses fut le mérite des écrivains des premiers temps.

Il convient aux hommes savans d'être populaires, comme cela convient aux rois.

Que les mots se détachent bien du papier : c'est-à-dire qu'ils s'attachent facilement à l'attention, à la mémoire, qu'ils soient commodes à citer et à déplacer.

Les uns passent par les belles idées ; les autres y séjournent, et ceux-ci sont les plus heureux ; mais les autres sont les plus grands.

L'éloquence doit venir d'émotion : toute émotion en donne naturellement.

En morale, pour atteindre le milieu, il faut aspirer au faîte.

En littérature, au contraire, pour atteindre

aisément le faîte il faut n'aspirer qu'au milieu ; tout effort use les forces pour monter.

Les belles poésies, épiques, dramatiques, lyriques, ne sont autre chose que les songes d'un homme sage et éveillé.

On peut très-bien imaginer, et même imiter le style des Hébreux et des Grecs sans savoir un mot de leur langue, mais non pas sans connaître leurs écrivains.

Les Romains : leur attention était sans cesse frappée, et leur mémoire était remplie de mots et de tournures oratoires.

Les Grecs aspiraient à la grâce, et les Romains à l'éloquence.

On contracte de mauvaises habitudes pour le style comme pour l'écriture. Un esprit trop tendu, un doigt trop contracté nuisent à la facilité, à la grâce, à la beauté.

Dans la langue française, il faut que la suspension soit faite par l'éclat ou par l'agrément des mots, qui arrêtent ou ralentissent malgré lui la précipitation de l'esprit dans sa marche.

Les peintres disent qu'il y a des tableaux où il n'y a pas d'air; nous avons aussi des poëmes à personnes où il n'y a ni lieu ni espace.

L'élégance vient de la clarté dans les formes, qui les rend faciles à saisir, et même faciles à compter.

En littérature, rien ne rend les esprits si imprudens et si hardis, que l'ignorance des temps passés et le mépris des anciens livres.

Il y a de la rudesse dans les Latins. La modération, une modération noble et de bon goût distingue les Grecs et surtout les Athéniens.

Il faut lire les anciens lentement : on a besoin de beaucoup de patience, c'est-à-dire de beaucoup d'attention pour avoir beaucoup de plaisir quand on parcourt les beaux ouvrages.

On veut toujours quelque beauté et quelque appât dans les écrits les plus austères : on confond ainsi ce qui plaît avec ce qui est beau.

Concision ornée, beauté unique du style.

En littérature, le goût, les règles, le genre, les beautés sont invariables par essence, comme la morale.

Les livres qu'on se propose de relire dans l'âge mûr sont assez semblables aux lieux où l'on voudrait vieillir.

Rien n'est pire au monde qu'un ouvrage médiocre qui fait semblant d'être excellent.

Tous les écrivains qui ont dans l'esprit ce que nous appelons de l'originalité, corrompent le goût; à moins que le public ne sache bien, et par eux-mêmes, qu'il ne faut pas les imiter.

Les mots liquides et coulans sont les plus beaux et les meilleurs, si on considère le langage comme une musique; mais si vous le considérez comme une peinture, il y a des mots rudes qui sont fort bons, car ils font trait.

C'est surtout dans la spiritualité des idées que consiste la poésie.

Ce qu'on appelle harmonie, dans le style, dépend plus de la *figure* des mots que de leur son.

La lyre est en quelque manière un instrument ailé.

Les beaux livres philosophiques sont ceux qui exposent clairement ce qui est obscur dans le monde, et pour tout le monde.

Le bel air n'est pas *le bon ton*, et *le bon ton* n'est pas toujours le bon goût.

Le naturel qui s'expose à la risée sans la prévoir, c'est le naïf; — s'il la prévoit sans la craindre, c'est la franchise.

Ceux qui ont su conserver leur propre naturel tout entier, sont toujours frappés et charmés de celui des autres, quand même il serait opposé au leur.

La poésie à laquelle Socrate disait que les dieux l'avaient averti de s'appliquer, doit être cultivée dans la captivité, dans les infirmités, dans la vieillesse.
C'est celle-là qui est les délices des mourans.

Tous les lieux communs ont un intérêt *éternel*.

Il y a mille moyens de dire ce qu'on pense, et un seul de dire ce qui est.

Le style littéraire consiste à donner un corps et une configuration à la pensée par la phrase.

Quelques écrivains se créent des nuits artificielles, pour donner un air de profondeur à leur superficie et plus d'éclat à leurs faibles clartés.

Quiconque ne démêle pas les défauts, peut seulement manquer de sens froid; mais celui qui ne sait pas démêler une beauté, et qui laisse son attention glisser dessus sans s'en apercevoir, celui-là, dis-je, manque d'un sens, d'une faculté, d'un mérite.

Dans les goûts et dans les jugemens littéraires il entre toujours de la mode.

La critique trouble le goût; elle empoisonne les saveurs.

Les choses littéraires sont du monde intellectuel; en parler avec passion est contraire à la convenance, aux proportions, au bon esprit et au bon sens.

Il n'est pas donné à ceux qui ont du goût de goûter dans tous les instans les belles choses.

Pour bien écrire, il faut du temps et de l'esprit.

Tenez votre esprit au-dessus de vos pensées, et vos pensées au-dessus de vos expressions.

Le style concis appartient à la réflexion;

on moule ce qu'on dit quand on l'a pensé fortement.

Quand on ne songe pas, ou quand on songe peu à ce qu'on dit, l'élocution est coulante, et n'a pas de forme; ainsi ce qui est naïf a de la grâce et n'a pas de précision.

Des esprits rudes, pourvus de robustes organes, sont entrés tout à coup dans la littérature, et ce sont eux qui en pèsent les fleurs!

Quelques mots dignes de mémoire peuvent suffire pour illustrer un grand esprit.

Il y a mille manières d'apprêter et d'assaisonner la parole; Cicéron les aimait toutes.

Il doit suffire que celle qui est mise en usage soit employée habilement et puisse plaire.

Quant à la singularité, elle est un titre à l'attention, mais non pas à l'exclusion, si elle est d'ailleurs irréprochable.

Il faudrait faire en sorte que ceux-là seulement fussent capables de bien écrire, qui seront capables de bien penser. Il faudrait exiger d'eux des gages de sagesse, dont le plus nécessaire est des études et des habitudes qui aient pu leur donner l'industrie de bien diriger leur esprit.

Il était dans l'ordre de la providence céleste de faire exister des modèles, afin que le monde littéraire lui-même eût sa beauté ; ces modèles ont existé.

L'un crayonne ses pensées, l'autre les peint, l'autre les grave, et quelquefois un autre les sculpte.

Ce ne serait peut-être pas un conseil peu important à donner aux écrivains que celui-ci : *N'écrivez jamais rien qui ne vous fasse un grand plaisir.*

Les uns peignent, en écrivant, pour délasser leur esprit de ce qui fait leur tourment ; les autres pour mettre au jour ce qui a fait long-temps leurs délices.

Rechercher, disent-ils. Je recherche beaucoup l'expression juste, l'expression simple, l'expression la plus convenable au sujet qui est mis en question, à la pensée qu'on a, au sentiment dont on est animé, à ce qui précède, à ce qui suit, à la place qui attend le mot.

Si vous parlez de naturel : il y a le naturel vulgaire; il y a le naturel exquis. Le naturel n'est pas toujours l'expression la plus usitée. Le naturel est ce qui est conforme à l'essence; l'habitude n'est pas nature, et le meilleur n'est pas tout ce qui se présente le premier, mais ce qui doit rester toujours.

Il faut écrire : de l'agriculture avec bonhomie;

Du droit avec simplicité et probité;

De la politique avec gravité;

Des finances avec solidité;

De la morale avec grandeur;

Et des choses spirituelles avec esprit, ou plutôt :

Écrire de tout ce qui est matière avec solidité, et de tout ce qui est spirituel avec esprit.

L'histoire doit être surtout la peinture d'un temps, le portrait d'une époque. Lorsqu'elle se borne à être le portrait d'un homme ou la peinture d'une vie, elle n'est qu'à demi histoire.

La conscience des auteurs tombés ou malades calomnie leur talent; alors ils sentent leur faiblesse, mais ils ne sentent plus leur force.

Dans le génie du peintre tout est art; mais tout ne l'est pas dans le génie de l'écrivain : car le génie du premier n'est qu'un génie de peintre; mais le génie du second est un génie d'homme; il faut être homme d'esprit pour être un bon auteur; mais pour être un bon peintre cela n'est pas du tout nécessaire.

Athènes : on y pensait et on y parlait mieux qu'ailleurs.

Tout art vient de l'intelligence; mais on peut avoir de l'intelligence sans avoir aucun art, aucun talent proprement dit; c'est-à-dire l'intelligence toute pure, et sans aucune modification déterminée, ou fixe ou invariable.

Lorsque, dans le point principal d'un tableau, une belle expression résulte soit du dessin, soit du coloris, le reste nous importe peu, si nous écoutons plus notre sentiment que les règles. Or, il arrive souvent que le senment est satisfait quand la critique est mécontente; le sentiment n'a pas tort, quoique la critique ait raison.

Les poëtes sont plus inspirés par les images que par la présence même des objets. Ainsi l'idée de la perfection est plus nécessaire aux hommes que les modèles : ceci est applicable aux mœurs comme aux arts.

La force n'est pas l'énergie; quelques auteurs ont plus de muscles que de talens.

Dans l'épopée il faut montrer, même dans les traits du personnage, la destinée qui l'attend, — comme on prévoit le sacrifice jusque dans l'arrangement des fleurs dont la victime est couronnée.

Les atomes d'un livre, les atomes d'une histoire, dit Cervantes.

En effet, il devrait y avoir dans tout ce qui

compose un livre ou une histoire, dans les faits, dans les mots, dans les phrases, quelque chose de net, d'absolu, d'ensemble en quelque sorte, soit rond, soit carré, soit crochu, enfin ce qu'on dit des atomes, des mondes.

Il y a des hommes qui ont le génie dans le corps; d'autres qui ne l'ont que dans l'âme.

Il n'y a point de beau et de bon style qui ne soit rempli de finesses, mais de finesses délicates.

La délicatesse et la finesse sont seules les véritables indices du vrai talent.

Tout s'imite, la force, la gravité, la véhémence et même la légèreté; mais la finesse et la délicatesse ne peuvent pas être contrefaites long-temps; sans elles un style sain n'annonce rien qu'un esprit droit.

Les paroles, les ouvrages, la poésie, où il y a le plus de repos, mais un repos qui nous émeut, sont plus beaux que ceux où il y a plus de mouvement.

Le mouvement donné par *l'immobile* est le plus parfait et le plus délicieux; il est semblable à celui que Dieu donne au monde. En sorte que celui qui opère ainsi exerce une action qui a quelque chose de divin.

Les contes qui ont passé par la veillée en valent mieux, la nature y fait l'art.

Il est des agrémens efféminés. Il y a dans beaucoup de discours écrits des voix de femmes plutôt que des voix d'hommes.
La voix de la sagesse tient le milieu, comme une voix céleste qui n'est d'aucun sexe. Telle est celle de Fénélon et de Platon.

Il faut bannir des arts tout ce qui est trop rigoureusement appréciable, tout ce qui peut trop aisément être contrefait; on ne veut pas y voir trop clairement d'où viennent les impressions. La Naïade y doit cacher son urne, le Nil y doit cacher ses sources.

Tout discours, s'il est destiné au public, doit avoir quelque chose de merveilleux. Le merveilleux en assure seul la durée.

Esprit, éloquence dans les journaux, et raisonnemens dans les harangues; qualités déplacées.

L'ignorance, qui en morale atténue la faute, est elle-même en littérature une faute capitale.

Quand on écrit avec facilité, on croit toujours avoir plus de talent qu'on n'en a.

Dieu ne pouvant pas départir la vérité aux Grecs, leur donna la poésie.

Rien de ce qui ne transporte pas n'est poésie.

On se ruine l'esprit à trop écrire; on se rouille à n'écrire pas.

Il est impossible de devenir très-instruit si on ne lit que ce qui nous plaît.

Pour bien apprécier les ouvrages de l'art, le goût ne suffit pas, il faut le jugement, et un jugement exercé.

L'admiration est un soulagement pour l'attention, un terme qu'elle se prescrit pour son plaisir et son repos.

Il y a dans la perfection d'un ouvrage quelque chose qui tient à la perfection de l'instrument ou du langage, et dans la vigueur d'un talent fort, quelque chose d'absolument indépendant.

Les journaux et toutes les espèces de livres sont plus dangereux en France qu'ailleurs, parce que tout le monde y veut avoir de l'esprit, et ceux qui n'en ont pas supposent toujours que l'auteur du livre ou du journal qu'ils lisent en a beaucoup. Ils pensent donc ou parlent comme lui.

Quand l'abus de l'esprit est un badinage, il plaît; quand il est sérieux, il déplaît.

Dans le premier cas, on en abuse pour les autres;

Dans le second, on n'en abuse que pour soi.

La littérature que M. de Bonald appelle l'expression de la société, n'est souvent que l'expression de nos études, de notre humeur, de notre personnalité, et cette dernière est la meilleure.

Entre l'estime et le mépris il y a dans la littérature un intervalle et un chemin tout bordé de succès sans gloire, qu'on obtient aussi sans mérite.

Toutes les belles paroles sont susceptibles d'un sens ou signification : quand un beau mot présente un plus beau sens que celui de l'auteur, il faut l'adopter.

L'imaginative, faculté animale, est fort différente de l'imagination, faculté intellectuelle. Quelques enfans ont beaucoup d'imaginative sans avoir d'imagination. L'imaginative se frappe, elle est passive; l'imagination, au coutraire, est active et créatrice.

En littérature et dans les jugemens établis sur les auteurs, il y a, comme dans tout le reste, plus d'opinions convenues et de choses décidées que de vérités.

A l'exception de quelques représentations,

où la médiocrité suffit à l'usage, comme dans les tableaux d'église, par exemple, tout le reste est inutile dans les arts, si le beau suprême ne s'y trouve pas.

On n'aime pas à trouver dans un livre des mots extraordinaires, et qui détournent notre attention de tout le reste, non par leur beauté, mais par leur singularité.

On n'aime pas, dans un livre, les mots qu'on ne pourrait pas se permettre de dire : on les tolère et on les aime dans les vieux auteurs, parce qu'ils sont là un fait de l'histoire littéraire ; ils montrent la naissance du langage ; dans les modernes, ils n'en montrent que la dépravation.

Les papillons dont les ailes n'ont pas de couleurs sont laids.

L'esprit est quelque chose de léger ; il faut, pour plaire, que l'esprit soit brillant ou qu'il se dessine avec grâce, qu'il soit enfin beau ou bien fait.

Un beau désordre, comme l'appelle Boileau, est un désordre apparent et un ordre réel.

Par un beau désordre, l'esprit est conduit au but après l'avoir désiré, et y parvient par un labyrinthe délicieux.

Occuper le lecteur ou le spectateur de la matière ou du sujet, le rendre curieux, faire attendre et désirer la décision; en un mot, le mener au but désiré, est le point essentiel.

Les bons esprits attendent ce qu'un auteur veut dire et ce qu'ils doivent penser; ils ne se pressent jamais trop.

L'extrême subtilité peut se trouver dans les idées, mais ne doit pas se trouver dans le raisonnement.

Les idées font l'office de la lumière et participent de sa nature; mais le raisonnement est un bâton, et présente une espèce de tâtonnement où il doit se trouver quelque chose de très-palpable.

Le pédantisme consiste à parler aux autres de ce qu'on sait et de ce qu'ils ne savent pas.

Il ne faut dire en écrivant que ce que ceux à qui on écrit peuvent se soucier de savoir. Ce n'est pas à la satisfaction de son propre esprit qu'il faut songer dans sa correspondance, mais à la satisfaction de l'esprit d'autrui.

On n'aime dans ce siècle, en littérature, ni le simple bon sens, ni l'esprit tout seul, ni le raisonnement soutenu.

On veut plus que du bon sens, mieux que de l'esprit ; quant au raisonnement, on en est las ; on s'en défie, car il a trompé tout le monde, et on s'en souvient.

Une imagination ornée et sage est le seul mérite qui puisse faire valoir un livre.

L'énergie gâte la plume des jeunes gens, comme le haut chant gâte leur voix. Apprendre à ménager sa force, sa voix, son talent, son esprit, c'est là l'utilité de l'art et le seul moyen d'exceller.

La grâce est le vêtement naturel de la beauté ; la force sans grâce, dans les arts, est comme un écorché.

Si vous voulez que vos lecteurs raffolent de l'héroïne d'un roman, gardez-vous de lui assigner des traits fixes, afin que chacun puisse l'imaginer à sa fantaisie, et telle qu'il l'aimera le mieux.

Les plus belles expressions dans tous les arts sont celles qui paraissent nées d'une haute contemplation.

Il y a deux manières d'être sublime : on l'est par ses idées ou par ses sentimens.

Dans le second état, on a des paroles de feu qui pénètrent et qui entraînent.

Dans le premier, on n'a que des paroles de lumière qui échauffent peu, mais qui ravissent.

Avant d'employer un beau mot, faites-lui une place.

Entre l'esprit et l'âme il y a l'imagination, qui participe de l'un et de l'autre.

Entre l'esprit et l'imagination, il y a le jugement, il y a le goût.

Quand les mots n'apprennent rien, c'est-à-dire lorsqu'ils ne sont pas plus propres que d'autres à exprimer une pensée, lorsqu'ils n'ont avec elle aucune union nécessaire, l'esprit ou la mémoire ne peuvent se résoudre à les retenir, ou les retiennent avec peine, parce qu'ils sont obligés d'employer une sorte de violence pour lier ensemble des choses qui tendent à se séparer.

Il y a entre les tragédies des Grecs et les nôtres toute la différence qui se trouve entre un roman et un poëme; aussi étaient-elles destinées à être chantées, et les nôtres à être dites. Il semble que c'était l'action qui était l'épisode chez les anciens. L'ode ou le chant était dans l'origine l'essentiel de la cérémonie appelée depuis tragédie.

Le style oratoire entraîne celui qui écrit et le fait se mentir à lui-même, comme il entraîne celui qui lit et le fait se laisser tromper.

Il vaut cent fois mieux assortir un ouvrage à la nature de l'esprit humain qu'à ce qu'on appelle l'*état de la société*.

Il y a quelque chose d'immuable dans l'homme, et c'est pour cela qu'il y a des règles immuables dans les arts ; et dans les ouvrages de l'art, des beautés qui plairont toujours, ou des arrangemens qui ne plairont que peu de temps.

L'art de bien dire ce qu'on pense est différent de la faculté de penser : celle-ci peut être très-grande en profondeur, en hauteur et en étendue, et l'autre ne pas exister.

Pour sacrifier aux grâces, il faut se parer, ou ou un peu, ou beaucoup.

Il fut un temps où le monde agissait sur les livres ; maintenant les livres agissent sur lui.

Tous les hommes extraordinaires dans les lettres, qui n'ont pas beaucoup d'esprit, manquent de bon sens.

Le bon goût et le bon ton : ni l'un ni l'autre ne sont fixés dans la littérature et dans le monde.

Il faut de l'enthousiasme dans la voix pour être une grande cantatrice ; il en faut dans la couleur pour être un grand peintre, dans les sons pour être grand musicien, et dans les mots pour être grand écrivain ; mais il faut que cet enthousiasme soit caché et presque insensible : c'est lui qui fait ce qu'on appelle le charme.

Il en est des expressions littéraires comme des couleurs, il faut souvent que le temps les ait amorties pour qu'elles plaisent universellement.

Il ne faut pas seulement qu'un ouvrage soit bon, mais qu'il soit fait par un bon auteur.

Trois choses sont nécessaires pour bien faire un bon livre : le talent, l'art et le métier ;

C'est-à-dire la nature, l'industrie et l'habitude.

Le grand inconvénient de nos livres nouveaux, est de nous empêcher de lire les livres anciens.

L'enthousiasme est toujours calme, toujours lent, et reste intime.

L'explosion n'est point l'enthousiasme, et

ne vient point de l'enthousiasme proprement dit, mais d'un état plus violent.

L'enthousiasme agit en spirales. Nous le portons dans nos entrailles, il les sent, et leur est conforme en tout.

Les plus beaux livres sont ceux qui ont été faits pour des peuples demi-polis.

Le plus beau de tous a été fait pour le plus grossier de tous les peuples.

Le rire (dans la comédie) est par lui-même un applaudissement.

Que de gens, en littérature, ont *l'oreille juste et chantent faux!*

Le docte est celui qui sait; le docteur est celui qui est capable d'enseigner.

La manière est à la méthode ce que l'hypocrisie est à la vertu; mais c'est une hypocrisie de bonne foi; celui qui l'a en est la dupe.

Heureux en littérature ceux qui viennent après les pires! malheur à ceux qui viennent après les excellens ! Au contraire dans la vie et dans le monde.

Partout où il y une reconnaissance dramatique, il y a dans la pièce un secret.

Le plaisir propre de la comédie est le rire.

Le plaisir propre de la tragédie est dans les larmes.

Mais il faut, pour l'honneur du poëte qui excite le rire ou les larmes, que le rire qu'il excite soit agréable et les larmes belles.

Il faut, en d'autres termes, que la tragédie et la comédie nous fassent rire et pleurer décemment.

Ce qui force le rire, et ce qui arrache les larmes, n'est pas louable.

Les critiques ne sauraient distinguer et apprécier ni les diamans bruts ni l'or en barre ; ils ne connaissent en littérature que ce qui a cours, que les monnaies ; ils sont marchands, leur critique a des balances, un trébuchet ; mais elle n'a ni creuset ni pierre de touche.

Même pour le succès du moment, il ne suffit pas qu'un ouvrage soit écrit avec les agrémens propres au sujet, il faut encore les agrémens propres aux lecteurs.

La véritable profondeur vient des idées concentrées.

Il faut aussi apprendre à l'esprit à se jouer dans le vague ; le monde moral et le monde intellectuel en sont pleins.

Les esprits délicats sont tous des esprits nés sublimes, qui n'ont pas pû prendre l'essor, parce que, où des organes trop faibles, ou une santé trop variée, ou de trop molles habitudes ont retenu leurs élans.

Chacun se plaît à mettre son talent en œuvre. Si les architectes avaient une toute-puissance divine, ils ne seraient occupés qu'à démolir et à reconstruire le monde.

Il n'y a de beaux ouvrages que ceux qui ont été long-temps, sinon travaillés, du moins rêvés.

Il faut que les beaux sentimens et les belles

idées que nous voulons étaler avec succès dans nos écrits nous soient très-familiers, afin qu'on sente dans leur expression la facilité et le charme de l'habitude.

On ne peut être éloquent qu'en parlant à des hommes *peuple*, ou demi-ignorans. Ceux-là sont assez pleins et assez vides de sentimens et d'idées pour inspirer le désir et donner la facilité d'agir sur eux.

Ce qu'ils appellent *la métaphysique du cœur* est une espèce d'anatomie qui ne peut être entendue que par des esprits du métier.

Avec des hommes d'un tel esprit, on ne peut ni aspirer et même prétendre raisonnablement qu'à l'élégance.

L'élégance est donc la seule espèce d'éloquence qui soit permise et possible avec des hommes très-instruits.

Ils tolèrent cependant, et même ils aiment quelquefois un certain pathétique sombre, dont la profondeur apparente attache leur attention.

Nos momens de lumière sont tous des momens de bonheur. Quand il fait clair dans notre esprit, il y fait beau.

Vouloir donner des sons à une langue qui n'en a pas, c'est le chant du chaudron.

Les livres, les pensées et le style modérés, font sur l'esprit le bon effet qu'un visage calme fait sur nos yeux et nos humeurs.

Il est un style qui n'est que l'ombre, la vague image, le dessin de la pensée. Il est un autre style qui en est comme le corps et le portrait en sculpture.

Le premier convient à la métaphysique où tout est vague et étendu, aux sentimens de piété qui ont quelque chose d'infini ; le second convient mieux aux lois et aux maximes de morale. Le meilleur des deux est celui qui se montre le mieux assorti à ceux qui le parlent, et à ce qu'il veut exprimer.

De même donc qu'il y a deux sortes de styles, il y a deux sortes d'écrivains, entre lesquels les uns dessinent ou peignent leur pensée, la laissant pour ainsi dire appliquée et collée à leur papier comme un tableau l'est à la toile. D'autres gravent la leur, l'y enfoncent ou l'en détachent, en lui donnant un relief qui la fait absolument ressortir ; ils sont sculpteurs.

Ceux-là sont particulièrement propres à exprimer les pensées qui doivent être connues de tous, offertes à tous, et exposées comme en une place publique à l'attention universelle ; de cette espèce sont les lois, les inscriptions, les maximes et les proverbes ; enfin tout ce qui chez les anciens pouvait être appelé *nomes*, et tout ce qui chez les modernes dépend du genre sentencieux.

Nous n'avons pas besoin que les livres nous donnent des passions, la nature y a pourvu ; mais nous avons besoin qu'ils nous donnent de la sagesse.

On n'en aime que mieux à lire les traductions, quand on entend les langues. Les traductions alors soulagent, et exercent en même temps, car on peut comparer.

Il en est de même des extraits, quand on a lu les livres entiers.

Le style boursouflé fait poche partout ; les pensées y sont peu attachées au sujet, et les paroles aux pensées. Il y a entre tout cela de l'air, du vide ou trop d'espace. L'épithète *boursouflé*, appliquée au style, est une des plus hardies, mais des plus justes métaphores qu'on ait jamais hasardées. Aussi tout le monde l'entend, et personne ne s'en étonne.

Le style enflé est autre chose. Il a plus de consistance que l'autre, il est plus plein, mais sa plénitude est difforme, ou du moins excessive. Il est trop gros, ou trop gras, ou même trop grand.

Toute belle poésie est semblable à celle d'Homère, et toute belle philosophie ressemble à celle de Platon.

L'esprit et l'instinct, quand on a de l'un et de l'autre, peuvent bien s'entr'aider, mais non se suppléer.

Car, règle générale, ce qu'on a en instinct, on ne l'a jamais en esprit. La nature a en horreur les doubles emplois.

Il ne faut donc jamais chercher à faire avec l'esprit ce qu'on est né capable de faire avec l'instinct ; par exemple, des vers, etc.

Un poëte est une espèce de rossignol, un animal lyrique ou musical ; il sait ce qu'il ignore, et n'a besoin que de cette espèce de pensées qui sont propres à diriger, à conserver et à nourrir les sentimens honnêtes.

Les *savans fabriqués* sont les eaux de Barège faites à Tivoli. Tout y est, excepté le naturel. Elles ont quelque utilité, mais leurs qualités factices s'évaporent très-promptement. Elles ne valent que par l'emploi et non par leur essence.

Tous les savans *par art* ressemblent aux poëtes *par art*.

Les vrais savans, les vrais poëtes, deviennent tels par leur plaisir, plus que par leur travail. Ce qui les précipite et les retient dans leurs études, ce n'est pas l'ambition, mais leur génie.

Les véritables opinions et les véritables sentimens des hommes se forment lentement de quelque chose d'habituel, et non pas de quelque chose de subit.

La contrainte, ou pour mieux dire la retenue, est très-propre à les rendre plus sincères, plus vives, plus complètes et plus durables.

Ce qui ne donne à l'esprit que du mouvement le rend actif et fait écrire. Mais ce qui lui donne de la lumière et du bonheur ne nous rend que méditatifs.

Entre le *fracas* et le *fatras*, il y a peu de distance quant aux lettres et quant au sens.

Il faut que les pensées naissent de l'âme, et les paroles du silence. Il y a des mots agréables à l'œil, comme il y en a d'agréables à l'oreille, par un heureux mélange des lettres dont ils sont formés, ou par l'agrément de ces lettres ; car chaque lettre a sa figure.

Toutes les langues roulent de l'or.

Il faut écrire avec beauté ou avec agrément ; avec beauté dans les grandes choses, et avec agrément dans les petites ; dans les médiocres, il faut écrire avec médiocrité.

Quiconque écrit toujours sans agrément n'a pas de beauté dans l'esprit.

Si nous étions parfaitement éclairés, il n'y aurait dans nos livres de morale que des maximes ; dans nos livres de physique et de spiritualité, que des axiomes et des faits ; tout le reste n'y est qu'un remplissage, et n'y montre que nos recherches, nos efforts et nos embarras.

L'élocution, dans l'éloquence, roule ses flots comme les fleuves. Mais dans la poésie, il y a plus d'art; des jets, des cascades, des nappes, des jeux de mots de toute espèce y sont ménagés avec soin, et en augmentent le charme par leur variété.

Il y a dans l'art d'écrire des habitudes du cerveau, comme il y a des habitudes de la main dans l'art de peindre; l'important est d'en avoir de bonnes.

L'habitude d'esprit est artifice; l'habitude du cerveau devient nature, et l'habitude d'âme est excellence ou perfection.

Il est des traits qui sortent de l'intelligence, sans que la volonté ou même l'attention y ait part.

Par la nature de notre goût; par les qualités nécessaires à un sujet vrai ou feint, pour plaire à l'imagination et pour intéresser le cœur; enfin par la condition donnée et par l'immutabilité de la nature humaine, il est peu de sujets épiques, peu de sujets tragiques et peu de comiques; et par nos combinaisons pour en créer de nouveaux, nous tentons souvent l'impossible.

Il faut être profond en termes clairs, et non pas en termes obscurs.

Il est permis de s'écarter de la simplicité lorsque cela est absolument nécessaire pour l'agrément, et que la simplicité seule ne serait pas belle.

L'esprit littéraire est l'esprit appliqué aux livres, et ce qu'ils contiennent.

Qui ne contente pas son propre esprit, dans ce qui dépend de l'esprit, ne contentera jamais parfaitement l'esprit des autres.

Tous les hommes d'esprit valent mieux que leurs livres.

Les hommes de génie valent moins : peut-être les savans aussi.

C'est ainsi que le rossignol vaut moins que

son chant, le ver à soie moins que son industrie, et l'instinct plus que la bête.

Les choses difficiles deviendront à leur tour aisées; mais il faut porter du charme dans ce qu'on a approfondi, et faire entrer dans ces cavernes sombres, où l'on n'a pénétré que depuis peu, la pure et ancienne clarté des siècles, moins instruits, mais plus lumineux que le nôtre.

La prodigalité des paroles et des pensées annonce un esprit fou. Ce n'est pas l'abondance, mais l'excellence qui est richesse.

L'économie, en littérature, annonce le grand écrivain. Sans bon ordre et sans sobriété, point de sagesse. Sans sagesse, point de grandeur.

Peu de livres peuvent plaire toute la vie. Il y en a dont on se dégoûte avec le temps, la sagesse ou le bon sens.

Il faut, pour le succès d'un poëme épique, que la moitié des idées et de la fable du poëte soit dans la tête des lecteurs.

Il faut qu'il ait affaire à un public curieux

d'apprendre ce que lui-même est désireux de raconter.

C'est ainsi que l'auteur et les lecteurs ont à la fois la tête épique. Conjonction ou conjoncture qui est réellement indispensable.

La facilité est opposée au sublime. Voyez Cicéron : rien ne lui manque, que l'obstacle et le saut.

Le vrai poëte a des mots qui montrent sa pensée, des pensées qui laissent voir son âme, et une âme où tout se peint distinctement. Il a un esprit plein d'images très-claires, tandis que les nôtres ne sont remplis que de signalemens confus.

L'intelligence laisse ses nuages se dissiper quand elle veut voir la lumière. Les siècles où les cœurs sont remplis de troubles et les esprits pleins de ténèbres, rallentissent son action.

Qu'est-ce donc que la poésie? Je n'en sais rien en ce moment; mais je soutiens qu'il se trouve dans tous les mots employés par le vrai poëte, pour les yeux un certain phosphore, pour le goût un certain nectar, pour l'attention une ambroisie qui n'est point dans les autres mots.

La règle doit être droite comme un fil, et non pas comme une barre de fer. Le cordeau indique la ligne, même lorsqu'il fléchit, et l'inflexion ne le fausse pas. Toute règle bien faite est souple et droite. Les esprits durs la font de fer.

Rien de trop juste, rien de trop serré, ni dans nos ouvrages, ni dans nos mœurs.

Le mauvais goût consiste à aimer ce qui n'est pas aimable, et le faux enthousiasme à s'enflammer pour ce qui naturellement n'enflamme point et n'émeut point.

Nous trouvons éloquent dans les livres, non seulement tout ce qui augmente nos passions, mais aussi tout ce qui augmente nos opinions.

Nous devons reconnaître pour maîtres des mots ceux qui savent en abuser et ceux qui savent en user; mais ceux-ci sont les rois des langues, et ceux-là en sont les tyrans.

Il ne faut pas avoir l'esprit plus difficile que le goût, ni le jugement plus sévère que la conscience.

On ne trouve presque partout que des paroles qui sont claires, et des pensées qui ne le sont pas.

Chez les uns, le style naît des pensées; chez les autres, les pensées naissent du style.

La nature bien ordonnée, contemplée par l'homme bien ordonné, voilà le beau poétique.

Quand on dépasse le sublime, on tombe dans l'extravagance.

Pour bien écrire, il faut une facilité naturelle et une difficulté acquise.

Il ne faut mêler aux récits historiques que des réflexions telles que l'intelligence d'un lecteur judicieux ne suffirait pas pour les lui suggérer.

Le comique naît du sérieux du personnage; le pathétique naît de la patience ou du repos de celui qui souffre.

Il n'y a donc point de comique sans gravité, ni de pathétique sans modération.

Pour être comique, celui qui fait rire doit ignorer qu'il est risible.

Pour être pathétique, celui qui pleure doit ignorer ou retenir ses propres larmes.

Celui qui communique son propre rire n'est que plaisant.

Regnard est gai, Molière est comique.

Un valet peut être plaisant, son maître doit être comique.

L'esprit humain a besoin de poésie, a besoin de métaphysique; mais il n'en a que de mauvaises! il s'en contente.

La poésie n'est utile qu'aux plaisirs de notre âme.

Beaucoup d'enflure dans les esprits et beaucoup de maigreur dans le style, caractères de ce siècle.

Les choses qui demandent plus d'attention qu'on n'en accorde communément à ce qui se dit, doivent s'écrire.

Évitez d'acheter un livre fermé.

Les Latins s'écoutaient parler, et les Grecs se regardaient dire; car ils voulaient que leurs paroles ressemblassent à leurs pensées. À la vérité, les premiers aspiraient au nombre, à la pompe, à la dignité; les seconds à la seule clarté.

Il faut qu'une critique même ait de la bonté.

C'est à la honte du siècle plus qu'à l'honneur des livres, qu'il arrive que des romans exercent un ascendant sur les mœurs et les habitudes.

Comme la poésie est quelquefois plus philosophique même que la philosophie, la métaphysique est par sa nature plus poétique même que la poésie.

Ce qui est douteux ou médiocre a besoin de suffrages pour faire plaisir à l'auteur; mais ce qui est parfait porte avec soi la conviction de sa beauté, de son mérite.

Aux Grecs, et surtout aux Athéniens, le beau littéraire et civil.
Aux Romains, le beau moral et politique.
Aux juifs, le beau religieux et domestique.
Aux autres peuples, l'imitation de ces trois-là.

Quand un ouvrage sent la lime, c'est qu'il n'est pas assez poli ; s'il sent l'huile, c'est qu'on a trop peu veillé.

Dans les travaux de l'esprit, la fatigue avertit l'homme de l'impuissance du moment.

Comme il y a des vers qui se rapprochent de la prose, il y a une prose qui peut se rapprocher des vers.
Presque tout ce qui exprime un sentiment

ou une opinion décidés a quelque chose de métrique ou de mesuré : ce genre ne tient pas à l'art, mais à l'influence et à la domination du caractère sur le talent.

Il faut qu'un livre rappelle son lecteur, comme on dit que le bon vin rappelle son buveur. Or, il ne peut le rappeler que par l'agrément.

Un certain agrément doit se trouver même dans les écrits les plus austères.

De la nécessité de s'expliquer et de s'entendre, vient la nécessité d'un certain genre d'idées et d'un certain langage dont on n'aperçoit pas bien la raison, mais sans lesquels on ne peut être clair, ni pour soi, ni pour les autres.

L'éloquence et les sciences sont nées aux mêmes lieux d'où nous vient le soleil.

Notre occident voit tout mourir.

C'est du nord aujourd'hui que nous vient la lumière, disait Voltaire; le nord glacera tout.

Rejeter une expression qui ne blesse ni le

son, ni le sens, ni le bon goût, ni la clarté, est un purisme ridicule, une *pusillanimité*.

Ce qui fait que nous n'avons pas de poëtes, c'est que nous pouvons nous en passer ; c'est qu'ils ne sont nécessaires ni à notre goût, ni à nos mœurs, ni à nos lois, ni à nos fêtes politiques, ni à nos plaisirs domestiques.

Si on n'a quelque condescendance et quelque respect pour l'auteur, la moitié d'un livre sérieux impatiente toujours, quand il est nouveau et qu'il dit des choses nouvelles ; nous n'entendons rien de ce que nous n'avons jamais pensé.

Il faut entrer dans les idées des autres, si on veut retirer quelque profit des conversations et des livres.

Quand il y a dans un livre dogmatique des clartés qui pourront nous plaire, il nous importe de souffrir sans y prendre garde les obscurités préliminaires qui pourraient nous rebuter.

Les anciens disaient qu'un discours trop orné *n'avait pas de mœurs*, c'est-à-dire n'exprimait pas le caractère et les inclinations de celui qui parlait.

Tout cela, en effet, ne peut montrer que nos richesses, notre art, nos habitudes littéraires.

Il y a des choses dont on ne peut bien parler que par écrit, qu'on ne peut bien savoir que lorsqu'on songe à les écrire, et qu'on ne peut cependant songer à écrire que lorsqu'on les sait par avance.

Il ne faut décrire les objets que pour décrire les sentimens qu'ils nous font éprouver.

N° VII.

ÉCRIVAINS, MORALISTES, etc.

ANCIENS.

Otez sa bile à Juvénal, et à Virgile sa sagesse, vous aurez deux mauvais auteurs.

Homère écrivait pour être chanté; Sophocle pour être déclamé; Hérodote pour être récité, et Xénophon pour être lu. De ces différentes destinations de leurs ouvrages devait naître une multitude de différences dans leurs styles.

Homère a peint la vie humaine; chaque village a son Nestor, son Agamemnon, son Ulysse; chaque paroisse a son Achille, son Diomède, son Ajax; chaque siècle a son Priam, son Andromaque, son Hector.

Isocrate fit bien de vivre et de vieillir en

faisant son célèbre panégyrique; que pouvait-il faire de mieux?

On trouve dans Catulle deux choses dont la réunion est ce qu'il y a de pire au monde : la mignardise et la grossièreté.

En général cependant, l'idée principale de chacune de ses petites pièces est d'une tournure heureuse et naïve; ses airs sont jolis, mais son instrument est baroque.

Aristote a rangé dans la classe des poésies épiques les dialogues de Platon.

Aristote a eu raison, et Marmontel qui le contredit, a mal connu la nature et le caractère de ces dialogues, et mal entendu Aristote.

Le style de Tacite, quoique moins beau, moins riche en couleurs agréables et en tournures variées, est pourtant plus parfait peut-être que celui de Cicéron même; car tous les mots en sont soignés, et ont leur poids, leur mesure et leur nombre exact : or, c'est là la perfection, car la perfection suprême réside dans un ensemble et dans des élémens parfaits.

Pétrarque estimait peu ses poésies italiennes qui l'ont immortalisé ; il leur préférait son latin.

C'est que son siècle aimait le latin, et n'aimait pas encore l'italien.

Dans les narrations de Tacite il y a un intérêt de récit qui ne permet pas de peu lire, et une profondeur, une grandeur d'expression qui ne permet pas de lire beaucoup. L'esprit est comme partagé entre la curiosité qui l'entraîne et l'attention qui le retient ; il éprouve quelque fatigue.

Platon : esprit de poésie qui anime les langueurs de sa dialectique.

Il se perd dans le vide, mais on voit le jeu de ses ailes, on en entend le bruit.

Ces ailes manquent à ses imitateurs.

Cicéron : aucun écrivain n'eut dans l'expression plus de témérité. On le croit circonspect et presque timide ; jamais langue ne le fut moins. Son éloquence est claire, mais elle coule à gros bouillons et cascades quand il le faut.

Cicéron est dans la philosophie une espèce de lune, sa doctrine a une lumière fort douce, mais d'emprunt : cette lumière est toute grecque. Le Romain l'a donc adoucie et affaiblie.

Cicéron ne fit pas mal; Caton fit mieux : il sauva jusqu'à la fin la dignité de la nature romaine. Il a laissé un bon exemple, et au surplus un malheur dans une vie et dans le monde vaut mieux qu'un mal.

Plutarque dans ses morales ; c'est l'Hérodote de la philosophie.

Il ne faut chercher dans Platon que les formes et les idées ; c'est ce que lui-même cherchait : il faut le respirer, et non pas s'en nourrir.

Platon offre une lumière diffuse, il éclaire et ne fait rien voir, si ce n'est lentement et à la longue, quand le grand jour est dissipé.

Le Phédon est un beau tableau, admirablement composé : il y a de belles couleurs, mais fort peu de bonnes raisons.

Platon, Xénophon, et les autres écrivains de l'école de Socrate, ont les évolutions du vol des oiseaux ; ils font de longs circuits ; ils embrassent beaucoup d'espace ; ils tournent long-temps autour du point où ils veulent se poser, et qu'ils ont toujours en perspective ; ils s'y abattent.

Ce sont eux qui bâtissent des labyrinthes, mais des labyrinthes en l'air.

Ils emploient peu de mots figurés ou colorés ; ils les choisissent au contraire simples et communs, précisément parce que l'idée qu'ils les emploient à tracer est elle-même une grande et longue figure.

En imaginant le sillage que laisse en l'air le vol de ces oiseaux qui s'amusent à monter, à descendre, à planer et à tournoyer, on aurait une idée de ce que j'ai appelé *les évolutions de leur esprit et de leur style.*

VOLTAIRE.

Voltaire est quelquefois triste ; il est ému, mais il n'est jamais sérieux.

Voltaire a, comme le singe, les mouvemens charmans et les traits hideux.

Les vers de Voltaire passent devant l'attention rapidement et ne peuvent s'y arrêter, par l'impulsion de vitesse que l'esprit du poëte leur imprima en les jetant sur le papier.

Cette autorité oratoire dont parlent les anciens, on la trouve dans Bossuet plus que dans tous les autres, et après lui dans Pascal, dans La Bruyère, dans J.-J. Rousseau même, mais jamais dans Voltaire.

Voltaire avait l'âme d'un singe et l'esprit d'un ange.

Il est des défauts qui n'ont pas de nom, et qui n'ont pas été classés, déterminés, ou qui sont difficiles à apercevoir. Voltaire en est plein.

Voltaire est l'esprit le plus débauché; et ce qu'il y a de pire, c'est qu'on se débauche avec lui.

Il ne faut pas plus d'attention pour lire Voltaire que pour entendre un homme qui parle: aussi, en le lisant, on a l'attitude d'un homme qui écoute plutôt que l'attitude d'un homme qui lit.

Voltaire, esprit très-brillant, très-actif; il occupait la région placée entre la folie et le bon sens, et allait perpétuellement de l'un à l'autre.

Il avait beaucoup de ce bon sens qui sert à la satire, c'est-à-dire une grande pénétration pour découvrir les maux et les défauts de la société, mais il n'en cherchait point le remède; ils semblaient n'exister que pour sa bile ou sa bonne humeur, car il en riait ou s'en irritait sans s'arrêter jamais à les plaindre.

Voltaire entre souvent dans la poésie, mais il en sort aussitôt; cet esprit impatient et remuant ne peut pas s'y fixer, ni même s'y arrêter un peu de temps.

Voltaire, esprit habile, adroit, faisant tout ce qu'il voulait; le faisant bien, le faisant vite, mais incapable de se maintenir dans l'excellent.

Il avait le talent de la plaisanterie, mais il n'en avait pas la science. Il ne sut jamais de quelles choses il faut rire et de quelles il ne le faut pas.

C'est un écrivain dont il faut éviter avec soin l'extrême élégance, où l'on ne pensera jamais rien de sérieux.

Il n'y a rien de si clair que le badinage, rien de si leste et de si gai que le libertinage d'esprit.

Le badinage du comte de Grammont et d'Hamilton est moins élégant cependant que celui de Voltaire, mais il est plus exquis, plus agréable, plus parfait.

Il y a toujours dans Voltaire, au bout d'une habile main, un laid visage.

Patience et *pénétration* font tout le génie; mais il faut ajouter *facilité* et *promptitude*, dans sa dernière opération, qui consiste à exécuter.

Voltaire eut les dernières qualités et n'eut pas les deux autres.

Rousseau possède les premières, mais les deux dernières lui manquent.

Les premières au surplus sont les plus importantes : avec elles on a du moins du génie pour soi, si on n'en a pas pour tout le monde; au lieu qu'avec les deux dernières on a une espèce de génie pour les autres, mais on n'en a pas du tout pour soi; car on ne jouit ni de ses sentimens ni de ses idées.

Voltaire. — Quelque haine ou quelque mépris lui a fait faire tous ses ouvrages.

Voltaire eut l'art du style familier, et n'excella dans aucun autre; il donna au premier toutes les formes, tout l'agrément et même toute la beauté dont il peut être susceptible : il y fit entrer tous les genres; ce qui fit croire à son siècle abusé qu'il avait excellé dans tous. Ceux qui l'ont loué de son goût confondent perpétuellement le goût et l'agrément : on ne le goûte point, mais on l'admire; il égaie, il éblouit : c'est la mobilité de l'esprit qu'il flatte, et non le goût.

Voltaire n'a pas de lumière, mais de la clarté dans l'esprit, ce qui est fort différent.

Voltaire est plein d'ornemens qui, s'ils ne

sont pas de mauvais goût, sont de mauvais exemples.

Voltaire célébra les maux de la religion,
Jean-Jacques les crimes de la société,
Buffon le pouvoir du mouvement, de l'espace (le chaos);
Montesquieu fit de la législation une machine ;
Et leurs imitateurs firent des ruines et de la morale physiologique.

Voltaire a répandu dans le langage une élégance qui en bannit la bonhomie.
Rousseau a ôté la sagesse aux âmes en leur parlant de la vertu.
Buffon remplit l'esprit d'emphase.
Montesquieu est le plus sage, mais il semble enseigner l'art de faire des empires. On croit l'apprendre en l'écoutant, et toutes les fois qu'on le lit on est tenté d'en construire un.

Dieu mettra-t-il les belles pensées au rang des bonnes actions ? ceux qui les ont cherchées, et qui s'y plaisent et s'y attachent auront-ils une récompense? le philosophe et le politique seront-ils payés de leurs plans, comme l'homme de bien sera payé de ses bonnes œuvres? et les travaux utiles ont-ils un prix et un mérite aux yeux de Dieu comme les bonnes mœurs?

Peut-être bien; mais le premier prix n'est pas assuré, comme le second, et il ne sera pas le même; Dieu n'en a pas mis dans nos âmes l'espérance et la certitude; d'autres motifs nous déterminent.

Il me semble pourtant que les ouvrages de Platon ont pu lui être comptés dans le ciel, mais que Montesquieu même n'eût pas osé y présenter les siens; quant à Bossuet, à Fénélon, les leurs y seront admissibles sans contredit, et même ceux de Mahomet.

Mais Confutzée?... non; ils n'ont pas parlé de Dieu; ils n'y ont pas assez conduit.

Oui, en général, je me représente fort bien Bossuet, Fénélon, Platon, Mahomet portant leurs œuvres devant Dieu; même Pascal, et même La Bruyère, même Vauvenargues, et même La Fontaine, car leurs œuvres peignent leur âme; mais non pas J.-J. Rousseau, qui n'y a mis que son humeur et ses efforts. Pour Voltaire, les siennes le peignent aussi, et elles lui seront comptées, ce me semble, mais à sa charge.

ROUSSEAU.

Je vois bien qu'un Rousseau, j'entends un Rousseau corrigé, serait aujourd'hui fort utile, et serait même nécessaire; mais en aucun temps un Voltaire n'est bon à rien.

Une piété irréligieuse, une sévérité corruptrice, un dogmatisme qui détruit toute autorité, voilà le caractère de la philosophie de Rousseau.

J.-J. Rousseau. — Il n'y a pas d'écrivain plus propre à rendre le pauvre superbe.

Le talent de J.-B. Rousseau remplit l'intervalle qui se trouve entre La Mothe et le vrai poëte.

L'esprit de Rousseau habite le monde moral, mais non l'autre qui est au-dessus.

Voltaire connut la clarté, et se joua dans

la lumière, mais pour l'éparpiller et en briser tous les rayons comme un méchant.

Montesquieu ne connut, ne sentit, n'aima et n'obtint que l'éclat avec un peu de gravité, qui vient des sujets dont il s'est occupé, et non de lui.

J.-J. Rousseau. — La vie sans actions, toute en affections et en pensées demi-sensuelles; fainéantise à prétention, voluptueuse lâcheté; inutile et paresseuse activité, qui engraisse l'âme sans la rendre meilleure; qui donne à la conscience un orgueil bête et à l'esprit l'attitude ridicule d'un bourgeois de Neufchâtel se croyant ROI. — Le bailli suisse de Gessner dans sa vieille tour en ruines; — la morgue sur la nullité; enfin, l'emphase du plus voluptueux coquin qui s'est fait sa philosophie, et qui l'expose éloquemment; le gueux se chauffant au soleil, et méprisant délicieusement le genre humain.

Je parle aux âmes tendres, aux âmes ardentes, aux âmes élevées, aux âmes nées avec un de ces caractères distinctifs de la religion,

et je leur dis : « Il n'y a que Jean-Jacques
« Rousseau qui puisse vous détacher de la re-
« ligion, et il n'y a que la religion qui puisse
« vous guérir de Jean-Jacques Rousseau. »

Donner de l'importance, du sérieux, de la hauteur et de la dignité aux passions, voilà ce qu'a fait J.-J. Rousseau, ou du moins ce qu'il a tenté.

Donnez de la bile à Fénélon et du sang froid à Jean-Jacques Rousseau, vous en ferez deux mauvais auteurs. Le premier avait son talent dans sa raison; le deuxième dans sa folie.

Jean-Jacques trouvait son talent dans ses humeurs. Tant que rien ne les remua, il fut médiocre; tout ce qui le rendait sage le rendait un homme vulgaire.

Fénélon au contraire, et voilà pourquoi Rousseau n'est pas sublime : son génie était tout entier dans ses folies; il n'en avait aucun dans sa raison.

Quand on a lu M. de Buffon, on se croit savant.

Quand on a lu Rousseau, on se croit vertueux; on n'est cependant pour cela ni l'un ni l'autre.

———

Virgile n'eût été, au temps de Numa, qu'un villageois jouant du chalumeau.

Si Fénélon eût vécu sous Hugues Capet, et n'avait eu pour père qu'un laboureur, il n'eût été qu'un humble et pieux religieux, ou un doux curé de village.

Tertullien et Jurieu auraient bouleversé le leur, eussent-ils été des valets.

Bossuet, chez tous les peuples, dans tous les temps et dans toutes les conditions, se fût montré un homme d'un grand sens, d'un grand esprit, et serait devenu l'oracle de sa ville, de son canton, de son hameau, de sa tribu, de ses voisins et de sa famille.

M. de Beausset a retrouvé le fil perdu de la narration continue, ce fil ductile qui se plie et se replie de mille manières sans se brouiller, sans se rompre et sans se nouer.

Une élégance simple, une facilité soignée, une sagesse sobre, une modération vraie, rien de recherché, voilà ce qui est rare aujourd'hui, ou plutôt ce qu'on ne voit plus, et ce qui le distingue.

Dans Fénélon, il avait à enchâsser des perles, et il les a entourées plus richement. Dans Bossuet, il avait à montrer des blocs, et il les a plus isolés, cultivant les *muses sévères.*

Ses citations sont, dans le cours de son récit, comme des îles toutes pleines de monumens : en le lisant, on croit descendre un fleuve, et faire un voyage en bateau par un beau temps et dans un beau pays; le siècle qu'il traverse est montré à droite et à gauche.

L'enthousiasme et la verve sont deux qualités différentes; la verve remue, l'enthousiasme émeut.

Après l'enthousiasme, la verve est ce qu'il y a de meilleur pour l'inspiration.

Boileau eut de la verve; La Fontaine un perpétuel enthousiasme.

Horace eut de la verve, Aristophane aussi; Ménandre et Virgile eurent le plus doux et le plus exquis enthousiasme qui fut jamais. Jean-Baptiste Rousseau eut plus de verve que Chaulieu; Chaulieu eut plus d'enthousiasme que Rousseau; Malherbe eut autant d'enthousiasme que de verve; Racine eut de la raison, et du goût éminemment. Dans ses ouvrages tout est de choix, rien de nécessité, et c'est là ce qui constitue son excellence.

Molière est comique, de sang froid; il fait rire et ne rit pas; c'est là ce qui le rend un grand comique.

Il faut que l'auteur comique et le tragique se maintiennent méditatifs; celui-ci pour être égal à son ouvrage, et celui-là pour être supérieur au sien.

Jean-Jacques Rousseau, dans sa manière d'envisager la morale, aurait pu la définir

« L'art d'augmenter les passions avec utilité »;

Et il y aurait eu là deux erreurs capitales :

Premièrement quant à l'utilité,

Car il ne peut y en avoir à augmenter les passions, c'est-à-dire à donner aux hommes plus de passions que la nature, ou des passions plus grandes qu'eux.

Secondement quant aux attributions :

Il peut être utile de diriger les passions dans l'homme en les exerçant, ou, pour parler plus clairement, de dresser et d'habituer les passions à conserver quelque droiture, quelque ordre, quelque bienséance, quelque beauté, non seulement dans leurs opérations et leurs œuvres, mais dans leurs moindres mouvemens. Mais attribuer un pareil soin à la morale, c'est tout confondre.

La morale n'est faite que pour réprimer, pour contenir : elle est règle, règle immobile et immuable, et par cela même elle est barrière; elle est frein, et non aiguillon.

M. de Bausset dit de Fénélon : « Il aimait « plus les hommes qu'il ne les connaissait. »

Ce mot est charmant; il est impossible de louer avec plus d'esprit ce qu'on blâme, ou de mieux louer en blâmant.

Bossuet n'aurait pas trouvé de nos jours en France la langue dont il aurait eu besoin.

Fénélon. — Il nage, il opère dans un fluide, mais lui-même est mou; il a plutôt des plumes que des ailes.

Dans ses préceptes, il ne parle que de véhémence, et n'en a point. Oh! qu'il eût bien mieux dit, s'il eût parlé d'élévation et de délicatesse! qualités de style par lesquelles le sien excelle.

Je lui attribue de l'élévation, non qu'il se porte et qu'il se tienne jamais très-haut, mais il ne touche presque jamais la terre.

Il est subtil, il est léger, mais d'une subtilité qui est de nature et non de pratique.

Fénélon est l'astre de la nuit, son éclat est d'emprunt, et toute sa lumière est pâle.

Fénélon est un philosophe presque divin, et un théologien presque ignorant.

Fénélon avait plus d'amis, et, pour ainsi parler, plus d'adorateurs, parce qu'il avait plus d'artifice. Il n'y a point d'ensorcellement sans art et sans habileté; il sait prier, mais non instruire.

Fénélon et Bossuet. — L'un a la voix de la sagesse, mais l'autre en a l'autorité; celui-ci habite les vallons et la mi-côte; celui-là les hauteurs et les derniers sommets; Fénélon en inspire le goût, mais Bossuet seul la fait aimer avec ardeur, avec force, et en impose la nécessité.

Bacon porta son imagination dans la physique comme Platon dans la métaphysique. Aussi hardi et aussi hasardeux à établir des conjectures en invoquant l'expérience, que Platon était magnifique à étaler des vraisemblances.

Platon au moins donne des idées pour des idées, mais Bacon donne les siennes, ou du moins les fait recevoir comme des faits. Aussi trompe-t-il en physique plus que l'autre en métaphysique. Voyez son histoire de la vie et de la mort.

Tous deux, au reste, étaient de grands et beaux esprits. Tous deux ont fait un grand chemin dans les espaces littéraires : Bacon d'un pied léger et ferme, Platon avec de grandes ailes.

Hobbes était, dit-on, humoriste; je n'en suis pas surpris : c'est la mauvaise humeur surtout qui rend l'esprit et le ton décisifs; c'est elle qui nous porte insensiblement à concentrer nos idées; elle abonde en expressions vives.

Mais pour devenir philosophique, il faut que la mauvaise humeur naisse uniquement de la déraison d'autrui, et non pas de la nôtre;

du mauvais esprit du temps où l'on vit, et non de notre mauvais esprit propre.

Locke a raisonné avec une sorte de rigueur plus adroite que sincère et ingénue; il a abusé de la simplicité et de la bonne foi des scolastiques; c'est un philosophe sournois. Leibnitz est plus franc, plus sincère, plus éclairé.

Montesquieu fut une belle tête sans prudence.

On ne peut croire sincèrement d'une chose rien de ce qui est exclu de son idée par l'idée nécessaire que l'on en a.

Or, il nous est impossible de concevoir une chose qui pense, sans imaginer aussitôt quelque chose d'incorporel.

Tous les raisonnemens de Locke sur ce point ne sont qu'une pure chicane. Dans cette question surtout, Locke s'est montré ce qu'il est : *logicien inventif*, mais mauvais métaphysicien et anti-métaphysicien; car il n'était pas seulement dépourvu de métaphysique, mais il en était incapable et ennemi. Bon questionneur, bon tâtonneur, mais sans lumière;

c'est un aveugle qui se sert bien de son bâton.

Montesquieu. — C'est un esprit plein de prestiges, et qui en aveugle ses lecteurs; il sort perpétuellement de ses ouvrages des étincelles qui éblouissent, qui réjouissent, qui échauffent même, mais qui éclairent peu.

Descartes. — C'est un grand esprit qui n'a pas une grande et belle doctrine.

Malebranche n'est occupé que des vérités de sa chère physique; il veut absolument en faire naître la morale. Il a fait une méthode pour ne pas se tromper, et se trompe sans cesse.

Pascal a le langage propre à la misanthropie chrétienne, misanthropie forte et douce; comme peu ont ce sentiment, peu aussi ont eu ce style; il concevait fortement, mais il n'a rien inventé, c'est-à-dire rien découvert de nouveau en métaphysique.

Racine eut son génie en goût comme les anciens.

Le style des lettres de Pascal montre quel était son esprit. Le style des lettres de Mme de Sévigné montre quelle était son humeur.

La Bruyère dit qu'il faut prendre ses pensées dans son jugement; mais on peut en prendre l'expression dans son humeur et dans son imagination.

C'est à la mode des portraits qu'on doit les caractères de La Bruyère; plus d'un mauvais genre a été, en littérature, l'origine d'un chef-d'œuvre.

Racine. — Son élégance est parfaite; mais elle n'est pas suprême, comme celle de Virgile.

Racine est l'homme du monde qui s'entend le mieux à filer les mots, les sentimens, les pensées, les actions, les événemens. Et chez lui les événemens, les actions, les pensées, les sentimens et les paroles, tout est de soie. Pradon a quelquefois aussi des paroles de soie, mais il ne faisait que brouiller.

Tartufe. — La forme des affectations religieuses y est jouée, et c'est là sans doute un grand mal.

Des blasphèmes mielleux et des ordures vernissées, d'où le blasphème découle avec douceur comme un miel empoisonné : voilà Parny.

Le *puritas impuritatis* de Juste Lipse est fait pour lui.

Nous ne nous apercevons pas que le charme des fables de La Fontaine est dans le choix de ses personnages.

La sagesse de Bonaparte était dans ses pensées ; la folie dans ses passions.

Bernardin de Saint-Pierre, et ceux qui partagent son système dans leurs mouvemens religieux les plus vifs, ne ramènent pas tout à Dieu, mais ils ramènent Dieu à eux.

Égoïsme moral, par lequel on ne se conforme pas à la règle, mais on ajuste la règle à soi.

On reproche à Corneille ses grands mots et ses grands sentimens ; mais pour nous élever, et pour ne pas être salis par les bassesses de la terre, il nous faut en tout des échasses.

Bonaparte ne savait rien faire avec peu, ni avec peu d'hommes, ni avec peu d'argent.

Mais tel était son ascendant, qu'il prenait l'argent et les hommes sans qu'on osât les refuser.

Sermons de Massillon : le plan en est mesquin, mais les bas-reliefs en sont superbes.

Notre véritable Homère, l'Homère des Français, qui le croirait? c'est La Fontaine.

Il y a dans La Fontaine une plénitude de poésie qu'on ne trouve nulle part dans les autres auteurs français, pas même dans Boileau, pas même dans Racine.

Diderot est moins funeste que Jean-Jacques Rousseau.

La plus pernicieuse des folies est celle qui ressemble à de la sagesse.

Diderot, etc. — Ils prenaient leur érudition

dans leur tête, et leurs raisonnemens dans leurs passions ou leur humeur.

M. de Bonald jette un filet sur les esprits, et ce filet a des couleurs : mais il est tellement serré qu'on ne peut rien voir au travers lorsqu'on est une fois dedans.

« La littérature », dit M. de Bonald, « est « l'expression de la société. »
Il y a des livres tellement beaux, que la littérature n'y est que l'expression de ceux qui les ont faits.

La facilité et l'abondance avec lesquelles La Harpe parle le langage de la critique, lui donnent l'air habile, mais il l'est peu.

Alfieri n'est qu'un forçat condamné par la nature aux galères du Permesse italien.

Buffon a du génie pour l'ensemble, de l'esprit pour les détails.

Dans l'Endymion de Girodet, le personnage du Zéphyr donne un témoin à une scène qui ne devrait pas en avoir.

L'abbé Arnaud, avec des vérités, du savoir et des observations quelquefois très-fines et très-solides, donne du génie et de la littérature grecs une idée parfaitement fausse.

Balzac outre-passe le but, mais il y conduit; il ne tient qu'au lecteur de s'y arrêter, quoique l'auteur aille au-delà.

Ce n'est pas ce que dit Nicole, mais ce qu'il pense, qui est sublime : il ne l'est pas par l'élévation naturelle de son esprit, mais par celle de ses doctrines.

Balzac ne sait pas rire, mais il est beau quand il est sérieux.

Balzac, un de nos plus grands écrivains, et le premier entre les bons, si on consulte l'ordre des temps.

Utile à lire, à méditer, et excellent à admirer; également propre à instruire et à former par ses défauts et par ses qualités.

On peut dire des romans de Le Sage qu'ils ont l'air d'avoir été écrits dans un café, par un joueur de dominos, en sortant de la comédie.

Il meurt tous les jours quelque Voltaire : empêchez seulement qu'il n'en naisse.

N° VIII.

PENSÉES DIVERSES.

Il y a toujours du charme dans la grâce.

Il est impossible de chanter et de danser juste sans plaisir, tant l'observation de toute mesure vraie est naturellement agréable.

L'ordre moral est également mesure et harmonie; il est impossible aussi de vivre bien sans un secret et un très-grand plaisir.

Il est des vertus qui sont produites par l'irréflexion, telles que la générosité, par l'inattention à nos propres besoins; la bravoure, par l'oubli du danger.

Dans le cas où il y aurait réflexion, elle est alors dirigée uniquement vers ce qui est le plus beau :

Le secours dans le premier cas,
La victoire dans le second.

L'air d'innocence qu'on remarque sur le visage des convalescens, vient de ce que les passions se sont reposées et n'ont pas repris leur empire.

La danse sans expression est la seule qui soit *civile*, parce qu'elle est la seule qui soit modeste.

Le mourant redevient l'enfant qu'il avait été autrefois et réduit à ses propres dimensions.

Le méchant croit toujours le mal; c'est là un de ses caractères.

Pour descendre en nous-mêmes, il faut d'abord nous élever.

La musique dans les dangers élève plus haut les pensées.

Aucune famille n'a duré mille ans, ou n'a possédé une généalogie de mille ans. Le ciel refuse cette satisfaction à la vanité humaine.

Il y a des esprits machines qui digèrent ce

qu'ils apprennent, comme le canard de Vaucanson digérait les alimens : digestion mécanique et qui ne nourrit pas.

Le ciel accorde rarement aux mêmes hommes le don de bien penser, de bien dire et de bien agir en toutes choses.

Est bien peu sage qui n'a que sa propre sagesse, et bien peu savant qui ne l'est que de sa science.

Il y a des esprits dont on ne peut dire : il y fait clair, et d'autres dont on peut dire seulement : il y fait chaud.

Il y a beaucoup de chaleur où il y a beaucoup de mouvement; il y a beaucoup de lumière où il y a beaucoup de sérénité ; sans la sérénité, point de lumière.

Il n'y a pas de musique plus agréable que les variations des airs connus.

Il y a beaucoup de défauts qu'on n'a jamais quand on est tout seul, ou seulement en tête-à-tête. Aussi ne peut-on les apercevoir que dans les cercles ou dans les assemblées où l'on se trouve.

« Quiconque boit est roi », disent les chansons.

Platon assure plus gravement que l'amour du vin et l'ivresse rendent les hommes tyranniques.

Ils n'ont pas su et ils ne savent pas ce que c'est que la royauté.

En tout, considérer l'effet moral ou l'influence sur les mœurs, et observer ce qui rend les hommes meilleurs ou pires, — c'est là le but.

Le spectacle des champs nourrit la vie; l'aspect des hommes les passions.

Chacun voudrait rendre les autres semblables à soi; mais celui qui est bon ne veut rendre semblable à lui que ceux qui sont moins bons que lui.

Tout ce qui est dans l'homme un *mal incurable* ne mûrit point, et rien de ce qu'il peut avoir d'*angélique* ne vieillit. Qui jamais a pu se figurer un ange vieux? on peut tout au plus imaginer un *vieux génie*, mais en le supposant plus terrestre qu'aérien.

Pour dire du mal d'un homme illustre, il faut toujours attendre qu'il en ait fait.

Il faut donner son assentiment :
En logique, à ce qui est prouvé ;
En physique, à ce qui est réel ;
En métaphysique, à ce qui est le plus spirituel ;
En morale, à ce qui est honnête ;
En religion, à ce qui est pieux.

Les philosophes ont voulu substituer leurs livres à la Bible, comme les jacobins ont voulu substituer leur propre autorité à celle du roi. Ainsi, le même esprit de révolution a dirigé les hommes dans la littérature, dans l'État et dans la religion.

Nous perdons toujours l'amitié de ceux qui perdent notre estime.

Il faut non seulement cultiver ses amis,

mais cultiver en soi ses amitiés ; il faut les conserver avec soin, les soigner, les arroser pour ainsi dire.

Le but n'est pas toujours placé pour être atteint, mais pour servir de point de mire ou de direction.

Ainsi le précepte de l'amour des ennemis.

Il y a un degré de mauvaise santé qui rend heureux.

La description d'une bataille, d'un combat, doit être une leçon de morale : on ne doit en parler avec quelques détails que pour montrer l'empire que le sang froid, les précautions, la prévoyance ont sur la fortune, ou l'empire que la fortune a quelquefois sur tout le reste, afin que les audacieux soient prudens, et que les heureux soient modestes.

Les esprits qui n'ont pas goûté les charmes de l'ordre, ou que ce charme n'a pu fixer, sont de mauvais esprits.

Il n'y a rien qui dure toujours ; mais ce qui dure le plus, c'est l'ordre ; parce que c'est ce qu'il y a de plus convenable et de mieux assorti à la nature des choses.

L'étonnement est une affection qui suspend toutes les autres.

Se tromper sur l'ordre est à l'esprit ce que se tromper sur le beau est au goût.

Ce n'est pas du vrai et du faux qu'il faut s'occuper avant toutes choses, mais du mal et du bien.
Ce n'est pas l'erreur qu'il faut craindre, c'est le mal.

Il faut se piquer de sincérité, et non pas d'infaillibilité, d'autant plus qu'il dépend de nous d'être sincères, et non pas d'avoir l'esprit juste.

Donnez ce qui est frivole à ce qui est frivole, et ce qui est grave à ce qui est grave.
C'est-à-dire des louanges à l'esprit, et de la vénération à la vertu.

La grossièreté, toujours prête à condamner

dans les autres les défauts qu'elle a, ne pardonne qu'aux vices qui sont raffinés.

L'excellence de l'esprit est toute dans sa qualité, et non dans sa quantité ; dans sa patience et sa constance, plutôt que dans sa force et dans son feu.

Les gens d'esprit traitent souvent les affaires comme les ignorans traitent les livres ; ils n'y entendent rien.

La crainte a toujours les yeux ouverts ; l'amour aime à fermer les siens.

Nous appelons *appas* ce qui nous attire, et *beauté* ce qui se fait aimer de nous.

La politesse est la fleur de l'humanité ; et qui n'est pas assez poli n'est pas assez humain.

Une pensée est tantôt un simple mouvement, et tantôt une action de l'âme.

« La vertu sans récompense est mélanco-

« lique », a-t-on dit. En effet, elle ne se plaint pas, ne s'indigne pas, ne s'agite pas ; l'injustice qu'elle éprouve ne produit en elle aucun ressentiment, mais une douce mélancolie.

Un peu de vanité et un peu de volupté : voilà de quoi se compose la vie de la plupart des femmes et des hommes.

« On est franc par caractère, et vrai par « principe », dit Mme de Staël, etc.

Disons plus clairement :

La franchise est une qualité naturelle, et la véracité constante une vertu.

On aime plus les qualités, on estime davantage les vertus.

On peut dire que la vertu, selon le monde, est science ; aussi toute vertu de science cède le pas à une vertu d'un ordre supérieur quand elle la rencontre. Cela veut dire qu'un *homme véritablement vertueux* remplit ses devoirs dans leur ordre, et fait céder les petits devoirs aux plus grands.

C'est ce que ne fait pas toujours l'homme simplement bon. Nos qualités ne sont qu'un ordre sans lumière, une régularité sans règle, une droiture sans cordeau, un équilibre sans aplomb, une harmonie dont rien ne nous bat la mesure, un instinct de ce qu'il faut être, et non pas de ce qu'il faut faire.

Les artistes supposent tous que l'homme est beau, et ils se trompent; l'homme nu est affreux; le ciel n'a pas fait l'homme beau, mais capable de s'embellir : trop de beauté aurait donné trop d'impudence.

La pudeur a inventé les ornemens.

Les vêtemens doivent entrer dans l'idée de la beauté; ils font la grâce.

Peut-être perd-on plus aisément son naturel que son éducation; au moins dans les manières.

Quiconque ne voit pas ses amis en beau, les aime peu.

L'art doit s'attacher et se borner à tout ce qu'il y a de meilleur; la nature agit autrement : elle a besoin de tout, et du trop pour l'*existence*; mais l'art n'en a pas besoin pour le *spectacle*.

Qui ne voit pas en beau, est mauvais peintre, mauvais ami, mauvais amant ; il ne peut élever son esprit et son cœur jusqu'à la bonté.

Rien n'est si subtil que les germes, et rien cependant n'est si réel ; ils sont la cause de toutes les réalités.

La vérité ! il faut la pétrir, la mouler, et lui imprimer une forme ; n'en extraire que la lumière, l'essence, et la rendre impalpable, et peut-être par cela même inaltérable ; se borner à sa simple énonciation, et en tirer les conséquences.
La première manière la contient toute avec ses efficacités ; la seconde la conserve ; la troisième en introduit dans la vie quelques bons effets, mais ne la fait pas voir, et par conséquent la laisse ignorer : on la suit alors en aveugle.

Il est des préjugés naturels et non acquis, qui précèdent le jugement et le conduisent où il faut nécessairement qu'ils aillent, et par les chemins qu'il doit suivre pour faire de justes progrès; on s'égare si on se refuse à de tels guides. Le philosophe, en exposant la vérité, doit se conformer à ceux-là; il peut aussi emprunter quelquefois à ceux de son temps leur langage, mais jamais leur égarement.

Il est un besoin d'admirer ordinaire à certaines femmes dans les siècles lettrés, et qui est une altération du besoin d'aimer.

Les éteignoirs, disent-ils; oui, les éteignoirs des incendies que vous appelez la lumière.

La science du mal et l'ignorance du bien. La science des folles doctrines et l'ignorance des opinions des hommes sages, voilà le siècle et son savoir.

La taciturnité, qualité politique, espèce de charlatanisme dans quelques hommes, qui a tous les effets des charlatanismes cachés.

Il y a des esprits naturellement éclairés, ou

pénétrans par leur nature, qui ont beaucoup d'évidences qu'ils n'ont pas raisonnées, et qu'ils ne pourraient pas raisonner.

Il faut laisser à chacun (en les perfectionnant seulement) sa mesure d'esprit, son caractère et son tempérament.

Il faut que ceux qui sont nés délicats vivent délicats, mais sains; que ceux qui sont nés robustes vivent robustes, mais tempérans; que ceux qui ont l'esprit vif gardent leurs ailes; que les autres gardent leurs pieds.

Rien ne sied à l'esprit que son allure naturelle; d'où son aisance, sa grâce et toutes ses facilités réelles ou apparentes; tout ce qui le guinde lui nuit : en forcer les ressorts, c'est le perdre.

Conservons un peu d'ignorance pour conserver un peu de modestie et de déférence à autrui.

Il semble que les peuples aiment les périls, et que lorsqu'ils en manquent ils s'en créent.

Les maux viennent de la nécessité et de

l'ordre, et les biens de la seule volonté de Dieu.

Ni l'amour, ni l'amitié, ni le respect, ni l'admiration, ni la reconnaissance, ni le dévouement le plus absolu ne doivent nous ôter la conscience et le discernement du bien et du mal.

La politesse n'agit pas seulement sur les manières, mais sur l'esprit et sur le cœur ; elle rend modérés et doux tous les sentimens, toutes les opinions et toutes les paroles.

Toute idée sage tient l'homme à sa place dans l'univers, et la lui fait aimer.

La pensée vient de la tête ; l'idée vient des objets.

La première ne représente et ne fait connaître que notre esprit ; l'autre représente les choses telles que l'esprit peut les voir.

« Nous ne voulons ni de l'ancienne religion,
« ni de l'ancienne politique, ni de l'ancienne
« morale, ni (s'ils vont jusqu'au bout) de l'an-

« cienne éloquence, ni de l'ancienne poésie.
« Il faut que tout soit nouveau comme nous. »
Telles sont leurs pensées, si ce ne sont pas leurs discours. Et ils appellent *lumières* leurs erreurs, et *obscurans* ceux qui s'opposent à leurs tristes obscurités et à leurs ténèbres. Ils connaissent leur siècle, c'est-à-dire leurs volontés et leurs pensées, et la volonté et les pensées de leurs pareils.

Mais tout cela n'est conforme qu'aux passions, et non pas conforme à la nature, qui n'est pas toute passions.

Il faut laisser aux songes de l'imagination le temps de s'évaporer.

L'âme se forme du repos de l'esprit ; les affections et même le bon goût, de l'absence des fantaisies.

L'attention qu'on donne à la maison et aux meubles distrait du maître, et le temple distrait du Dieu.

Il y a trois moyens de parvenir à la vérité ou de s'en rendre possesseur : *le sentiment ou le sens intime*, *l'imagination et l'intelligence.*

Ne se servir que d'un seul de ces instrumens, et je dirai de ces organes, serait s'éloigner des deux autres.

Le sens intime est de tous les momens; il nous fait agir et nous éclaire indépendamment même de l'attention.

L'intelligence est moins constante, et l'imagination est volage.

L'amour inné de la sagesse est ce que Platon appelait *le naturel philosophique.*

Il semble que Platon considérait les idées comme des *lunettes*, sans lesquelles on ne voit rien.

Ayez soin qu'il manque toujours à votre maison quelque chose dont la privation ne vous soit pas trop pénible, et dont le désir vous soit agréable.

On se trompe par supériorité et par médiocrité.

L'homme qui voit a cent fois moins besoin de raisonnemens qu'un aveugle; celui ci, à chaque tâtonnement de son bâton, est obligé de recourir aux inductions, aux conjectures ; l'autre regarde et franchit le pas.

Tous les alimens sont bons à celui qui a faim, mais non à celui qui n'a que de l'appétit.

Tout ouvrier, et Dieu lui-même, trouve quelque chose d'imparfait et qui lui résiste dans la matière qu'il met en œuvre. C'est de là que vient le travail.

L'argile est trop molle pour le sculpteur, et ne peut souffrir le ciseau.

Le marbre est trop dur et n'obéit pas à la main.

L'airain est trop cassant et a besoin d'être fondu.

Le feu ne peut éclater qu'il ne brûle de l'air. « Le feu, dit-on, fait compagnie » ; c'est qu'il fait réfléchir. En physique surtout, il n'est point de spectacle plus inspirateur que celui du feu. L'attitude, le silence, le lieu, et l'espèce de rêverie où l'on est toujours quand on se chauffe, contribuent aussi à donner à l'esprit de l'attention et de l'activité. Le foyer est un Pinde, et les Muses y sont.

Pour plaire et charmer, il ne faut pas seulement qu'il y ait de la chose, il faut encore qu'il y ait de l'homme.

La vérité n'y est pas seulement requise, mais aussi la pensée et l'émotion propre de celui qui parle : c'est l'humaine chaleur, et presque l'humaine substance qui prête à tout cet agrément qui nous enchante.

Tout s'apprend, même la vertu.

C'est un bonheur d'être né bon : c'est une grande fortune.

Les malédictions des pères abrègent la vie : celles des mères donnent la mort.

Du lit.—Quand on y est seul, son usage est pour la sagesse. Se faire un temple de son lit, dit Pythagore.

Presque tous les principes de physique ou de politique, nécessaires à adopter pour les usages de la vie, sont difficiles à concevoir, parce qu'ils naissent tous de longues et difficiles combinaisons.

La volonté est une main avec laquelle on plie au-dedans de soi tout ce qu'on veut.

La sagesse est la force des faibles.

Il y a dans le naturel des hommes et des peuples quelque chose de querelleur. Quand cet esprit de dispute et de contestation s'exerce sur des minuties, pourquoi gémir? ce sont là les siècles heureux. Le mal à craindre est celui qui attaque et qui dérange ce qu'il y a de fondamental dans l'ordre de la société.

Les esprits qui ne se reposent jamais sont sujets à beaucoup d'écarts.

Pourquoi sommes-nous tous si sensibles à l'impression des choses, agréables ou désagréables?

Nos pères l'étaient moins.

C'est que notre esprit est plus vide et notre faiblesse plus grande. Nous sommes plus désoccupés de sentimens sérieux ou de solides pensées.

L'homme qui court à son devoir et qui n'a que lui en vue, prend moins garde à ce qui est sur son chemin.

L'injustice ne peut être suffisamment punie que par l'injustice.

C'est l'imagination et le style figuré qui ont toujours gouverné le monde.

J'en appelle aux religions.

L'homme est naturellement changeant et variable.

La fermeté de l'homme ferme n'est qu'une inconstance plus constante, une faiblesse plus opiniâtre.

L'ambition est impitoyable pour tout ce qui ne la sert pas; tout mérite qui ne lui est pas utile est méprisable à ses yeux.

Tous les peuples sauvages descendent de quelque peuple civilisé.

La nature eût en effet, comme ils le disent,

jeté l'homme nu sur la terre, mais la Providence ne l'a pas fait.

La barbarie est une dégénération et non pas un premier état.

Toute inconstance est un tâtonnement.

Le bien le plus petit aura sa récompense.

Si une vérité historique compromet une vérité morale, alors il faut s'en défier et en attendre l'explication.

Quelquefois les pensées consolent des choses.
Les livres consolent des hommes.

Enseigner c'est apprendre deux fois.

Les valets mentent souvent par respect et par crainte seulement.

Il est nécessaire, important de connaître la vérité, mais non pas toutes les réalités.
La connaissance des réalités sert à vivre et à *opérer*; mais celle de la vérité sert à bien

vivre, à bien agir, à bien penser et à bien vouloir.

Le grand abus des abstractions est de prendre en métaphysique les êtres de raison pour des êtres réels, tels que la *pensée*, etc., et de traiter en politique les êtres réels comme des êtres de raison, tels que le *pouvoir exécutif*, etc.

Quand les hommes n'ont pas d'affaires, deux choses leur en tiennent lieu : leur imagination et leur humeur.

Ceux qui aiment toujours n'ont pas le loisir de se plaindre et de se trouver malheureux.

La bonne humeur dans l'homme est aux plaisirs ce que la belle imagination est aux beaux-arts.

L'élévation d'esprit se plaît aux généralités; sa gravité penche vers les applications.

La politique est le gouvernement des peuples. L'économie est le gouvernement de la maison. La morale est le gouvernement de soi.

Il vaut mieux être pauvre de sa fortune que riche de celle d'autrui.

On n'a plus seulement la cupidité, mais l'ambition du gain.

L'homme est heureux quand il remplit assidûment la tâche à laquelle il est propre, et qu'il se tient avec plaisir à la place où Dieu l'a voulu.

Tout ce qui est le meilleur ne dure guère.

Civilisation : grand mot dont on abuse, et dont l'acceptation propre est ce qui rend civil.

Il y a donc civilisation par la religion, par la pudeur, la bienveillance, la justice, car tout cela unit les hommes.

Incivilisation, son opposé, indique le retour à la barbarie par l'esprit de contestation, de l'irréligion, l'imprudence, l'audace, l'ambition de tous, l'amour constant de son bien-être, l'ardeur du gain, etc., car tout cela désunit les hommes et attache chacun à soi.

Le zèle est la passion de quelque bien, surtout d'un bien religieux.

L'esprit tend naturellement à s'élever ou à monter comme la flamme. On travaille à le ravaler en dirigeant sa pointe en bas.

La force de cervelle fait les entêtés, et la force d'esprit les caractères fermes.

Les vérités générales sont les vérités de Dieu.
Les vérités particulières ne sont que des opinions de l'homme.

Motifs de crédibilité et motifs de crédulité. Ces derniers sont sans nombre, et les premiers ne manquent pas, mais nous les sentons moins parce qu'ils sont hors de nous. Les autres sont fondés sur notre nature.

Il y a des hommes qui respectent la puissance, comme d'autres respectent la vertu;

ceux qui en sont revêtus leur inspirent la même estime, le même amour, la même admiration.

Le beau est plus utile à l'art, mais le sublime est plus utile aux mœurs et aux esprits, parce qu'il les élève.

Le sophisme est un fantôme, une apparence de bon raisonnement et de raison.

En bonne philosophie, le plus beau est toujours le plus vrai, ou du moins le plus approchant de la vérité.

Il faut recevoir le passé avec respect et le présent avec défiance, si on veut pourvoir à la sûreté de l'avenir.

La sagesse est le commencement du beau.

Il y a beaucoup de maladies qui donnent de la force à l'âme.

Il est de certains esprits meilleurs que d'autres, et cependant *méconnus*, parce qu'il n'y a pas encore de mesure inventée, ou du moins usitée, pour toiser ou pour peser ceux-ci ; c'est comme un métal précieux qui n'a pas sa pierre de touche.

La justice sans force, et la force sans justice, malheurs affreux !

Légitimité incapable, ou, qui pis est, indigne d'elle-même : malheur qui passe tous les autres !

Les peuples sauvages vivent sous l'empire des besoins ; les peuples barbares sous l'empire des passions ; les peuples polis sous l'empire des idées ; les peuples dégénérés sous l'empire des plaisirs, et les peuples dégradés, avilis, malheureux, sous l'empire des besoins, des passions, des idées, des plaisirs et des fantaisies d'un seul homme ou d'un très-petit nombre d'hommes.

Les défauts qui ne blessent point ne peuvent irriter que la malignité.

Les peuples qui ont perdu la vertu et le vrai savoir ne pensent plus les recouvrer.

Personne, à l'exception des véritables sages, ne veut retourner en arrière, même pour reprendre le bon chemin.

Dites des âmes libres, bien plutôt que des hommes libres.

La liberté morale est la seule importante, la seule nécessaire ; l'autre n'est bonne et utile qu'autant qu'elle favorise celle-là.

Il y a deux sortes de génie : l'un qui pénètre d'un coup d'œil ce qui tient à la vie humaine ; l'autre, ce qui tient aux choses divines, aux âmes.

On n'a guère le premier pleinement et parfaitement sans avoir aussi quelques parties du second ; mais on peut avoir le second sans l'autre.

C'est que les choses humaines dépendent des choses divines, et y touchent de toutes parts ; mais la réciprocité n'a pas lieu en ceci. Le ciel pourrait subsister sans la terre, mais non la terre sans le ciel.

Le discernement vaut mieux que le précepte ; car il l'applique à propos, et il le devine. Donnez donc aux enfans la lumière qui sert à distinguer le bien du mal en toutes choses, sans leur vouloir enseigner tout ce qui est mal et tout ce qui est bien, détail immense et impossible ; ils le distingueront assez.

Avoir beaucoup aimé : il y a un pardon attaché à cette faute, et le pardon est consacré.

La conscience est le sentiment ou le sens de notre état intérieur.

Les Grecs étaient les plus modérés de tous les hommes, surtout les Athéniens ; de là vient la modération de leurs discours et l'excellence de leur goût.

Un bien qu'on a fait par le mal est un bien altéré, un bien empoisonné, un bien qui produira le mal dont on a mis en lui le germe ; c'est une eau que les canaux ont corrompue.

Il faut mêler la terre et le ciel, c'est-à-dire il faut que la terre et le ciel soient mêlés dans toutes les affections humaines, et se les partagent pour que tout aille bien et que les hommes soient heureux.

Or, pour établir cet équilibre, il faut les faiblesses de la nature et les efforts de la vertu; il faut beaucoup de religion et beaucoup de penchans terrestres. La nature a pourvu à l'un, nos soins doivent pourvoir à l'autre.

Une des plus utiles sciences est de savoir qu'on s'est trompé.

Une des plus délicieuses découvertes est de découvrir son erreur.

« Capable de se détromper »; belle louange et belle qualité.

Ce siècle est travaillé de la plus terrible des maladies de l'esprit, le dégoût des religions.

Il n'y a pas assez de sagesse ou assez de vertu dans ceux de nos jugemens ou de nos sentimens où il n'y a pas assez de patience.

En poésie, en éloquence, en musique, en peinture, en sculpture, en raisonnement même, rien n'est beau que ce qui sort de l'âme ou des entrailles. Les entrailles après l'âme ; c'est ce qu'il y a en nous de plus intime.

Il ne faut jamais ôter aux enfans le naturel de leur esprit.

Pour être bon, et pour être poëte, il faut vêtir d'abord tout ce qu'on regarde, et ne rien voir tout nu.
Il faut mettre au moins sa bienveillance et une certaine aménité entre soi et tous les objets.

Quand on aime le vrai, on a toujours quelque plaisir à entendre un homme dire ce qu'il pense, et quelque plaisir même à voir un homme faire ce qu'il avait voulu.

La dureté d'esprit n'est pas quelquefois moins funeste et moins odieuse que la dureté du cœur.

Y a-t-il quelque chose de meilleur que le jugement? oui; le don de voir, l'œil de l'esprit, l'instinct de la pénétration, le discernement prompt; enfin la sagacité naturelle pour tout ce qui est spirituel.

La coutume et l'autorité étant détruites, chacun se fait des habitudes et des manières selon son naturel; grossières, s'il a le naturel grossier.

Nous vivons dans un siècle où les idées superflues surabondent, et qui n'a pas les idées nécessaires.

L'imprécation grecque : « Puisses-tu avoir « l'envie de bâtir! » est moins terrible que le souhait à faire contre un peuple en morale, en politique et en religion : « Puisses-tu avoir « l'envie de détruire et de démolir! »

Jamais les Hébreux n'eurent tous les vices, mais seulement ceux qui viennent du corps; ils furent exempts de ceux qui viennent de l'esprit.

Il vaut mieux, pour faire un bel ouvrage, être dans une chaumière que dans un palais: le palais occupe de lui; une chaumière n'occupe de rien. Or, ce que l'homme est capable de penser vaut toujours mieux que ce qu'il voit, et il assortit toujours ce qu'il fait à ce qui l'occupe.

Chaque pierre de l'amphithéâtre de Nîmes y porte l'empreinte de la grandeur de l'édifice, par celle de sa dimension; rien n'y est trop poli.

Ainsi, pour traduire la Bible, il faudrait des mots *spacieux;* des constructions où rien ne fût ni trop bien joint ni trop uni, et donner aux mots et aux phrases un air de vétusté.

Nous concevons l'espace et le temps comme une espèce de lieu et de successions environnans.

Nous avons perpétuellement ces deux notions dans notre esprit, et nous y plaçons tout, comme au milieu d'un horizon, et sur les bords d'une rivière.

Le temps et l'espace correspondent parfaitement au mouvement et au repos.

Les productions de certains esprits ne viennent pas de leur sol, mais de l'engrais dont leur sol a été couvert.

La fausseté d'esprit vient d'une fausseté de cœur ; elle provient de ce qu'on a secrètement pour but son opinion propre, et non pas l'opinion vraie.

On peut se tromper une fois, cent fois, sans avoir l'esprit faux : on n'a point l'esprit faux quand on l'a sincère.

J'ai souvent pensé à la répugnance que les hommes dont les mœurs sont belles ont à entendre ces mots dans la bouche de leurs amis ou de leurs voisins :

« Je puis mourir. »

Ce mot est très-commun ; et il est entendu et prononcé parmi nous avec indifférence.

Heureusement nos plaisirs nous font sans cesse oublier la mort, à laquelle nos affaires nous forcent de songer sans cesse.

Ceux qui veulent tout ramener à l'égalité naturelle ont tort; il n'y a point d'égalité naturelle. La force, l'industrie, la raison élèvent des différences entre les hommes à chaque pas; c'est le chef-d'œuvre de la raison humaine.

Chez les Romains, l'amour de l'estime fut détourné de son objet véritable par la passion des conquêtes. A Lacédémone, l'amour des hommes fut étouffé par le patriotisme.

On ne peut appeler loi que ce qui paraît le plus juste, le plus sage, le plus moralement obligatoire, le plus conforme à la raison et à la volonté de Dieu.

Y a-t-il rien de plus propre à inspirer l'horreur des passions et des vices, que de leur assigner ce principe hideux (le diable) et cette effroyable origine?

Il est des insectes qui percent les digues.

Hélas! ce sont les livres qui nous donnent nos plus grands plaisirs, et les hommes qui nous causent nos plus grandes douleurs.

L'exaltation est cette hauteur de sentimens ou d'idées qui vient des causes extérieures;

celle qui naît du caractère ne s'appelle pas exaltation, mais élévation.

La déclamation naît de l'exaltation.

Elle diffère de l'éloquence, en ce que l'une expose toujours de grands sentimens ou de grandes idées, et l'autre de grands mots et de grands objets.

L'orateur est occupé de son sujet, le déclamateur l'est de son rôle; l'un agit, l'autre feint. Le premier est une personne, le second un personnage.

En écoutant ses sens, on détruit les bons sentimens.

Avec des sens trop ménagés, trop cultivés et trop exquis, on fuit les actes de vertu; voyez la sœur grise.

La force naît de l'exercice, et l'exercice de l'obstacle.

L'esprit se crée des obstacles quand il n'en a pas, et qu'il veut se développer.

C'est ainsi que les Grecs, pour qui le passé était un sol plat, inventèrent d'abord leur versification, ensuite leur dialectique et leur rhétorique, c'est-à-dire des entraves à la raison, à l'esprit et à la parole, pour se rendre l'esprit agile, la raison pénétrante et le style parfait.

L'impartialité naît d'une disposition à juger favorablement des hommes et des choses.

Rien ne rapetisse l'homme comme les petits plaisirs.

On n'aime fortement, on n'aime sérieusement que ceux qu'on craint; parce que la crainte nous les rend fortement présens, fixe notre esprit sur leur compte, et qu'on leur sait gré tout à la fois de tout le bien qu'ils font et de tout le mal qu'ils ne font pas. D'ailleurs, s'ils ne sont pas méchans, ils subjuguent le cœur lui-même, et on n'ose pas les haïr.

Quelque erreur s'attache toujours aux grandes vérités qui courent le monde, et quelque fable aux événemens historiques qui ont fortement occupé l'attention de la multitude.

Comme il y a toujours quelque chimère

dans quelques esprits, il se rencontre toujours quelque esprit qui attache sa chimère à ce qui a passé par lui.

Ainsi, point de réalité qui n'ait son merveilleux.

Heureux celui qui n'est propre qu'à une seule chose; en la faisant, il remplit sa destination.

Les grands saints peuvent être de grands pécheurs, parce qu'ils sont hommes, c'est-à-dire parce qu'ils sont libres.

La liberté explique toutes les fautes, tous les crimes, tous les malheurs; mais elle fait aussi tous les mérites.

Les meilleures pensées sont celles qui pour paraître belles n'ont pas besoin de la beauté de l'expression.

Rendre agréable ce qui ne l'avait pas encore été, est une espèce de création.

S'il fallait choisir, j'aimerais mieux la mollesse qui laisse aux hommes le temps de devenir meilleurs, que la sévérité qui les rend pires, et la précipitation qui n'attend pas le repentir.

Ce qu'on apprend sans peine peut bien être utile à la vie, mais est inutile à l'esprit.

Le zèle est la passion de quelque bien, surtout de quelque bien religieux.

Quand on veut être généreux, il ne faut pas se soucier d'être riche ni d'être à son aise.

On ne peut s'expliquer franchement qu'avec l'espoir d'être entendu; et on ne peut espérer d'être entendu que par les gens qui sont moitié de notre avis.

Le chant est le ton naturel de l'imagination; on raconte l'histoire, on chante les fables.

La colère dont le siége est dans les nerfs, passe plus vite et plus entièrement que celle dont le siége est dans les humeurs; celle-ci laisse des traces plus profondes; elle est plus longue, plus intime, et a pour suite des rancunes, ou des *rancœurs*.

Dans ce qu'on appelle esprit de corps, il y a du moins l'amour des autres, ou de quelques uns ; ce qui vaut toujours mieux que le simple amour de soi.

Exceller dans le rang où la Providence nous a fait naître, et le garder, c'est là, certes, la meilleure des ambitions et la seule conforme à l'ordre.

Dans le savoir, l'inutile fait souvent oublier le nécessaire.

Il y a des indulgences qui sont un déni de justice.

Il ne faut pas montrer une chaleur qui ne sera pas partagée; rien n'est plus froid que ce qui n'est pas communiqué.

Qu'importe la vérité historique, où est la vérité morale ?

Cette vérité historique, hors des affaires,

n'intéresse que l'érudit ; la vérité physique n'intéresse que notre corps ; mais la vérité morale intéresse toute notre âme, notre vie et notre mort.

Le talion ; c'est la justice des injustes, disait saint Augustin ; nous pouvons dire des barbares, des ignorans.

Beaucoup de mots ont changé de sens. Remarquez, par exemple, celui de *liberté*.

Chez les anciens, il avait au fond le même sens que celui de *dominium*. Je veux être libre, voulait dire chez eux : je veux gouverner, ou administrer la cité ; et parmi nous, ces mots veulent dire : je veux être indépendant.

Liberté, chez nous, a un sens moral, et avait chez eux un sens tout politique.

Tout luxe corrompt, ou les mœurs, ou le goût.

Chaque esprit a sa lie.

Pour bien présider un corps d'hommes médiocres et mobiles, il faut être mobile et médiocre comme eux.

Nous sommes gouvernés par des erreurs et des prestiges; erreurs dans les opinions, prestiges dans les hommes.

La liberté, le jury, l'utilité supposée des représentations nationales, sont des erreurs. Napoléon lui-même fut un prestige, et Mirabeau en fut un autre.

Le premier cependant a eu quelques idées, et dit quelques paroles qui annoncent de la grandeur, ou du moins de la puissance personnelle.

Mirabeau avait appris les siennes; celles de Napoléon naissent de lui; ses exploits mêmes ont moins valu.

Il plut au ciel d'envoyer le prestige au secours de l'erreur.

Il n'y a que de l'esprit dans nos pensées; il n'y a pas d'âge, d'expérience et de cette gravité qui s'y joint, quand elles ont passé par les affaires humaines.

En poésie, en éloquence, en politique, rien

de nouveau, s'il n'est évidemment meilleur, et par conséquent éprouvé par la pratique et l'examen.

Ni lumières ni modestie; cela ressemble à un visage éclairé par un faux jour.

La gaieté clarifie l'esprit, surtout la gaieté littéraire.
L'ennui l'embrouille,
L'extrême tension le fausse,
Le sublime le rajeunit.

Il est des hommes qui, parce qu'ils savent tous les mots, croient savoir toutes les vérités.

Les anciens étaient éloquens, parce qu'ils parlaient devant des hommes qui avaient beaucoup de goût et point de savoir.

Ils pouvaient espérer de les faire penser comme eux, et de leur faire croire et vouloir ce qu'ils disaient.

Mais qu'espérer apprendre et persuader à des hommes qui croient tout savoir, et être pour le moins aussi savans et aussi sages que celui qui leur parle ? C'est à des critiques armés que nous parlons, et non pas à des amateurs.

Ainsi l'ignorance de ceux qui écoutent est favorable à l'éloquence.

Il est permis d'être content de soi par conscience, et non pas par réflexion.

Le bon sens est de savoir ce qu'il faut faire; le bon esprit est de savoir ce qu'il faut penser.

Le suicide, maladie nouvelle ajoutée à la fièvre jaune.
Mais celle-là vient de l'esprit.

La peur tient à l'imagination; la lâcheté au caractère.

L'esprit philosophique du dernier siècle n'a été qu'un esprit de contradiction appliqué aux mœurs et aux lois.

Il faut qu'un prêtre se croie envoyé; qu'un médecin croie à son art, et qu'un roi croie à la royauté et à sa lieutenance de Dieu; s'il ne se croit qu'un homme, il n'est qu'un maire ou un préfet.

Le remords sanctifie le vice.

Le bon goût est nécessaire à la moitié de la morale, car il règle les bienséances.

Il y a une sorte de génie qui semble tenir à la terre, c'est la force.

Une autre qui tient de la terre et du ciel, c'est l'élévation.

Une autre enfin qui tient de Dieu, c'est la lumière et la sagesse, ou la lumière de l'esprit; toute lumière vient d'en haut.

Dans les qualités littéraires, les unes tiennent aux organes, les autres à l'âme, quelques unes à la culture, quelques autres à la nature. La verve, par exemple, nous est donnée, et le bon goût s'acquiert.

Tout système est un artifice, une fabrique qui m'intéresse peu; j'examine quelles richesses naturelles il contient, et je ne prends garde qu'au trésor.

D'autres, au contraire, ne se soucient que

du coffre; ils en savent les dimensions, et comment il est fait, c'est-à-dire s'il est de bois de cyprès, de sandal, d'aloès, d'acajou ou de noyer.

Les vers à soie ont besoin pour filer de brins de bois disposés d'une certaine manière; il faut les leur laisser, et les leur fournir s'il en est besoin; mais ce n'est pas aux brins de bois et à la quenouille qu'il faut regarder, c'est à la soie.

Il faut être caillou dans le torrent, garder ses veines, et rouler sans être ni dissous ni dissolvant.

Les mots qui servent à régler nos mœurs et nos honneurs, qui sont d'usage dans la morale, tels que ceux-ci : *esprit doux*, *entendement doux*, sont devenus rares et inusités dans notre langue; aussi inusités et aussi rares que les termes *ascétiques* qui servent à la piété; un langage littéraire, scientifique, politique, poétique ou de pure convention, est le seul qui se fasse entendre.

L'*esprit doux* nous rend faciles à contenter.

Un *entendement doux* est patient, cherche à

comprendre avec lenteur, se prête à se laisser convaincre, évite de s'opiniâtrer, aime mieux être éclairé que dominer.

On est heureux quand on sort de la santé pour entrer dans la sagesse.

L'utilité ou l'inutilité essentielles de nos pensées sont le seul principe constant de leur gloire ou de leur oubli.

Chacun est sa parque à lui-même, et se file son avenir.

Il n'y a de bon dans les innovations que ce qui est développement, accroissement, achèvement.

Le mot *sage*, dit à un enfant, est un mot qu'il comprend toujours, et qu'on ne lui explique jamais.

Les monumens perpétuellement exposés à tous les yeux peuvent frapper les regards d'un homme ivre, ou disposé par quelque autre cause à la colère, à la tristesse et aux profonds ressentimens. En ce cas, un peuple est exposé à se faire un ennemi de chaque voyageur qui le visite.

Il est dans le monde beaucoup de gens qui ont de mauvaises opinions, et qui sont faits pour en avoir de bonnes; et d'autres qui ont de bonnes opinions, et qui sont faits pour en avoir de mauvaises.

L'esprit du sage a, comme sa conscience, ses examens, ses afflictions, sa honte et ses fermes propos.

Le but de la dispute ou de la discussion ne doit pas être la victoire, mais l'amélioration.

Une bonne raison, pour se faire comprendre, n'a jamais besoin que d'un mot, si on le sait bien.

Le vrai commun ou purement réel ne peut être l'objet des arts.

Les premiers ne sont pas ceux qui se commandent et s'obéissent constamment ; mais ceux qui, s'oubliant en quoi que ce soit, se sont commandé d'obéir à tout ce qui est meilleur qu'eux-mêmes.

Quelque légèreté entre toujours dans les âmes excellentes; et comme elles ont des ailes pour s'élever, elles en ont aussi pour s'égarer.

Il y a des âmes qui non seulement n'ont pas d'ailes, mais qui même n'ont pas de pieds pour la consistance, et pas de mains pour les œuvres.

Éclaircir une vérité, la rendre plus intelligible, la montrer sous un jour plus beau qui attire l'attention, lui donner un lustre nouveau :
C'est là répandre la lumière.

Attribuer à un galant homme le mérite qu'il n'a pas, c'est méconnaître celui qu'il a.

Il n'est pas nécessaire qu'un chou soit beau dans un jardin, son utilité l'en dispense; mais il faut qu'une fleur soit belle : on ne s'en nourrit pas; la seule utilité qu'on puisse en retirer est le plaisir des yeux et de l'odorat; il lui faut des couleurs ou du parfum.

Si l'apathie est, comme on le dit, de l'égoïsme en repos,

L'activité qu'on vante tant pourrait bien être de l'égoïsme en mouvement.

C'est donc l'égoïsme en action qui se plaint de l'égoïsme en repos.

La joie que causent les belles pensées, et que cause la vérité, se fait sentir dans les paroles avec lesquelles on les exprime.

Quiconque ne sent pas quelle différence on doit mettre entre ces mots : le beau et la beauté, le vrai et la vérité, l'idéal et l'abstrait, est mauvais métaphysicien.

Quiconque n'est jamais dupe n'est pas ami.

L'homme aime à remuer ce qui est mobile et à varier ce qui est variable; aussi chaque siècle imprime à chaque langue quelque changement, et le même esprit d'invention qui créa les langues les détériore en subsistant toujours.

Il faudrait que les riches laissassent les plaisirs aux pauvres, et gardassent pour eux les vertus.

Les petits ont peu de passions; ils n'ont guère que des besoins.

La justesse de raisonnement a ses règles et sa physionomie.
La justesse de conception n'en a pas, mais elle est bien supérieure à l'autre.

Le temps calme les ivresses. Celle de l'amitié? une longue fidélité a ses dernières admirations.

L'ordre est à l'arrangement ce que l'âme est au corps, ce que l'esprit est à la matière.
L'arrangement sans ordre est un corps sans âme.

Comme la tunique de l'œil, où tout se peint, où tout se dessine, où tout se grave, telle est la tunique de l'âme; mais tunique immatérielle et d'un seul lé, ou d'une matière éthérée.

Il faut accepter de bonne grâce les difformités que le ciel envoie ou que le temps amène.

Il faut exercer la vertu, même quand on ne l'a pas, c'est-à-dire l'exercer par sa volonté et contre son inclination.

Les choses qui dépendent de la lumière de l'esprit ne peuvent se prouver à aucun homme que par la lumière qu'il a.

Il faut remercier le ciel quand il nous donne de beaux songes.

Nos pères trouvaient leurs plaisirs dans leur famille, leur instruction dans les temples, leurs amusemens dans leurs bibliothèques, et leurs délassemens chez leurs voisins.

On peut parler de leur gloire aux grands princes, car c'est de leur honneur; et de leur honneur aux subalternes, car c'est de leur gloire.

Lorsque l'on déplace ces mots, l'abus qu'on en fait les rend ridicules.

On n'est jamais médiocre quand on a beaucoup de bons sens et beaucoup de bons sentimens.

Liberté ! liberté ! en toutes choses point de liberté; mais en toutes choses justice, et ce sera assez de liberté.

Quand vous ôtez un homme médiocre d'une place ou d'une condition modeste, vous en faites un insolent, dans le sens étymologique du mot; il ne pourra jamais s'habituer, et être conforme à une position qui est si différente de lui, et si différente à la fois de son naturel et de ses habitudes.

Il faut que les idées spirituelles et morales entrent les premières dans la tête; car si elles y trouvaient la place prise par les dogmes de la physique, elles ne pourraient plus s'y faire jour; notre esprit, alors habitué à se contenter de notions grossières, en refuserait de meilleures.

La vanité qui consiste dans le désir de plaire ou de se rendre agréable aux autres, est une demi-vertu; car c'est évidemment une demi-humilité et une demi-charité.

Il faut consacrer les prairies au printemps, les plaines à l'été, les coteaux à l'automne, le pied des rochers à l'hiver et les bois à toute l'année; car ils sont agréables dans toutes les saisons.

Le respect se rend à l'empire qu'on a sur soi-même ou qu'on exerce sur les autres.
C'est un sentiment commandé et prélevé comme un tribut.

Il n'y a de bonheur que dans une âme bien réglée.
Il y a donc des plaisirs ennemis du bonheur, et peut-être aussi des sciences.

Les temps sont pour nous comme les lieux; nous vivons dans les uns comme dans les autres; nous en sommes environnés; ils nous touchent, ils nous emboîtent; aussi font-ils toujours sur nous quelque impression.

Des lieux malsains et des temps corrompus nous infectent de leur contagion.

Le mouvement produit du feu, ou plutôt de la flamme, parce qu'il y a déjà du feu; s'il produit la pensée, c'est parce qu'il y a déjà de l'intelligence.

Sans modèle réel ou sans modèle idéal, nul ne peut bien faire.

« Dieu punira, disent les Orientaux, celui « qui voit et celui qui est vu. »
Belle et effrayante recommandation de la pudeur.

Peu d'idées et beaucoup d'appréhensions; beaucoup d'émotions et peu de sentimens; ou, si vous l'aimez mieux, peu d'idées fixes et beaucoup d'idées errantes; des sentimens très-vifs, et point de sentimens constans; l'incrédulité aux devoirs; la confiance aux nouveautés; des esprits décidés, des opinions flottantes;

l'assertion au milieu du doute, la confiance en soi-même et la défiance d'autrui ; l'ignorance et la présomption.

Tels sont les maux du siècle.

Une bonne nature peut absolument se passer d'une excellente éducation.

La politesse grecque ou du moins la politesse athénienne était supérieure à la nôtre.

Socrate, dans le banquet de Platon, disait à Alcibiade : « Les yeux de l'esprit deviennent « plus perçans à l'âge où les yeux du corps « s'affaiblissent, et vous êtes encore loin de « cet âge. »

Quelle grâce dans la contradiction !

Les vertus rendent meilleurs ceux qui les voient et qui ne les ont pas.

Elles rendent constamment heureux ceux qui les ont.

« Je pense comme ma terre », disait un propriétaire ; mot plein de sens et dont on peut faire l'application chaque jour. Les uns donc pensent comme leur terre, les autres comme leur boutique; quelques uns comme leur marteau; quelques autres enfin comme leurs bourses vidés et qui aspirent à se remplir.

On pensait autrefois que la justice ne devait pas naître de la loi, mais la loi de la justice.

Les gens de bien de toute espèce sont faciles à tromper, parce qu'aimant beaucoup le bien, et l'aimant même passionnément, ils croient facilement tout ce qui leur en donne l'espérance.

Le sens froid est un grand ennemi du bien.

Il y a dans l'âme un goût qui aime le bien, comme il y a dans le corps un appétit qui aime le plaisir.

La franchise se perd par le silence, par les ménagemens, par la discrétion dont les amis usent entre eux.

Il y a des destructions fatales. Notre sagesse en cherche le remède, et c'est un de nos devoirs. Quand le remède est trouvé, il survient d'autres maladies.

Le ciel fait ce qu'il veut et ce qu'il faut.

On n'est pas architecte parce qu'on a fait un long mur; et on n'a point fait un ouvrage parce qu'on a fait un grand livre.

Ayons le mérite du siècle, si nous en avons les défauts; frappés du mal, aimons les dédommagemens.

Nous bégayons longtemps nos pensées avant d'en trouver le mot propre, comme les enfans bégayent longtemps leurs paroles avant de pouvoir en prononcer toutes les lettres.

La splendeur est un éclat total, paisible, intime, et enfin uniforme dans tous les points de ce qui la possède.

Le brillant est dans les parties : c'est un éclat qui n'est pas dans toute la masse, ou qui ne la pénètre pas.

«Ton sort est d'admirer et non pas de savoir (Delille).» Un pareil sort est un bonheur plus grand encore que celui de l'homme qui peut à la fois et savoir et admirer.

Le savoir qui ôte l'admiration est un mauvais savoir : par ce savoir, la mémoire se substitue à la vue, tout est interverti. Un homme devenu tellement anatomiste qu'il en a cessé d'être homme, ne voit plus dans la plus noble et la plus touchante démarche qu'un jeu de muscles; comme un facteur d'orgues qui n'entendrait dans la plus belle musique, exécutée par cet instrument, que les petits bruits du clavier.

Tout est de l'or en barre pour un simple essayeur de métaux; il fond tout en idée pour le mettre dans son creuset; il pèse les chefs-d'œuvre, son œil dissout les candélabres.

La force est naturelle, mais il y a de l'habitude dans la grâce. Cette qualité charmante a besoin d'être *pratiquée* en quelque sorte pour devenir continuelle.

Les femmes en habits d'hommes et non flottans perdent la grâce.

Tout ce qui est spirituel est délicat, parce

que cela vient de l'âme, c'est-à-dire de la délicatesse même ; et pour parler comme Platon, plus le discours est l'image de la raison, plus il est beau.

La tendresse est le repos de la passion.

L'orgueil est ennemi de la bonté.

Il faut pour le bien de la société qu'il y ait beaucoup d'hommes en qui le bon sens domine, et quelques hommes qui soient dominés par leur esprit.

Ce n'est pas une tête forte, mais une raison forte qu'il faut louer, qu'il faut honorer dans les autres, et qu'il faut désirer pour soi.

Souvent ce qu'on appelle une tête forte n'est qu'une forte déraison.

Le temps nous entraîne, et avec nous nos bonnes mœurs, nos bons usages, nos bonnes manières et nos bonnes opinions.

Pour ne pas les perdre, et pour ne pas nous perdre nous-mêmes, il faut nous rattacher à quelque époque dont nous puissions ambitionner de faire revivre en nous les mœurs, les opinions, les usages et les manières. Chaque peuple eut toujours la sienne; il faudrait nous en fixer une.

Il faut une philosophie amie de l'antiquité et non pas de la nouveauté, qui se propose l'utilité plus que l'éclat, et qui aime mieux être sage qu'être hardie.

La présomption est toujours en faveur de ce qui a été; car puisqu'il a été, il a eu sa raison pour être : et s'il a subsisté, il y a eu quelque raison de sa durée, qui n'a pu être que sa convenance avec ce qui existait déjà, ou un besoin du temps, ou un besoin de la nature; enfin quelque nécessité qui le ramènera si on le détruit, et qui en fera sentir l'absence par quelque grave inconvénient.

On est dispensé d'être instrument dans la société quand on y est modèle.

Tout ce qui a l'air antique est beau; tout ce qui a l'air vieux ne l'est pas.

Il faudrait qu'on ne recueillît rien de ce qui

croît dans nos cimetières, et que leur herbe même eût une *inutilité pieuse.*

Quand on a trop craint ce qui arrive, on finit par éprouver quelque soulagement lorsque cela est arrivé.

Des lueurs utiles et qui dirigent vers le but, valent mieux que des lumières éclatantes qui nous éloignent du chemin.

Se tromper est un petit malheur, mais s'égarer en est un grand.

Combien de bonnes idées viennent dans un grenier à rats, quand il fait mauvais temps!

Il y a des actes de justice qui corrompent ceux qui les font.

Il est des hommes qui n'aiment ce qui est bien que lorsque cela exprime ce qu'ils pensent.

La philosophie doit avoir pour but la recherche des erreurs pour les combattre; voilà son seul emploi : mais comme la vérité ressemble à l'erreur, et que souvent elles sont mêlées, elle a tué des vérités.

Rendre risible ce qui ne l'est pas, c'est en quelque sorte rendre mauvais ce qui était bon.

Louons les vertus éclatantes, car elles prêtent leur assistance et leur appui aux vertus obscures, et les vertus obscures qui ne se connaissent pas elles-mêmes.

La vérité est la lumière des âmes.
Quelquefois on ne voit rien de vrai, et on voit la vérité; on ne voit rien de beau, et on voit la beauté.
L'homme a sa place : l'homme dans l'ordre, et en harmonie avec lui-même, éprouve la joie et le repos que ces choses-là donnent, et on les voit sans y rien distinguer.

Ce n'est pas la vertu des Romains, mais l'idée de leur vertu qui est aujourd'hui utile au monde.

La joie est l'élément naturel de l'imagination; voilà pourquoi il ne faut pas la porter dans les chagrins, où elle enlaidit tout, où elle s'enlaidit elle-même, parce qu'elle y est déplacée et hors de la sphère qui lui est propre.

On dit de celui qui peint trop vivement le mal, qu'il exagère, et de celui qui peint trop vivement le bien, qu'il embellit; or, qui embellit perfectionne, mais ne dénature pas; mais qui exagère *déforme*.

Quiconque rit du mal, quel que soit ce mal, n'a pas le sens moral parfaitement droit.

Les places : il vaut mieux être au-dessus qu'être dedans.

Un système est une doctrine absolument personnelle à celui qui l'invente.
Si cette doctrine contredit toutes les autres, le système est mauvais; si elle les illumine toutes, le système est bon, excellent, au moins comme système.

Si ce qui est rigoureusement vrai comme conséquence n'a pas isolément et en soi une vérité qui contente l'esprit, cela n'est pas assez vrai et d'une vérité utile.

Pour qu'une proposition ait une vérité bonne, il faut que cette proposition soit vraie, et comme conséquence, et comme conséquent.

« Le sentiment rend insipide tout ce qui « n'est pas lui, et c'est là son inconvénient. »

C'est aussi là le grand inconvénient du plaisir; il dégoûte de la raison.

L'âme grande pense beaucoup aux autres âmes, à leurs peines, à leurs plaisirs, à leurs besoins.

N'élevez pas ce qui est fragile.

Ce qui fait qu'on cherche longtemps, c'est qu'on ne cherche pas où il faut, et qu'on cherche où il ne faut pas. Mais comment chercher où il faut quand on ignore même ce qu'on cherche? et c'est ce qui arrive toujours quand on compose et qu'on crée. Heureusement, en s'égarant ainsi, on fait plus d'une découverte : on a des rencontres heureuses, et on est souvent dédommagé de ce qu'on cherche sans le trouver par ce qu'on trouve sans le chercher.

Pour vivre heureuse et toujours semblable à elle-même, une jolie femme doit mourir jeune, et une honnête femme mourir âgée.

La vérité? oui la vérité qui sert à être bon, mais non pas la vérité qui ne sert qu'à être savant.

La charité vaut mieux, et mille fois mieux que la vérité.

La vertu cherche à se répandre, et ceux qui l'ont aiment à la donner.

Quoi qu'on en dise, c'est au visage qu'il faut regarder les hommes; mais il ne faut pas prendre leur masque pour leur visage.

Le meilleur de tous les expédiens pour s'épargner beaucoup de peine, c'est de penser très-peu à soi; je veux dire à son intérêt propre.

Quand on a accoutumé les esprits à des

idées de crime, on y accoutume bientôt les mœurs.

Il faut que notre esprit nous amuse nous-mêmes ; et il y a autant de plaisir à en avoir qu'à s'en servir ou à en montrer.

Ils appellent progrès des lumières les progrès de l'industrie.

Les progrès de l'industrie dans quelques uns sont l'anéantissement de l'industrie dans tous les autres.

A force de machines, comme le remarque M. de Bonald, l'homme ne sera bientôt plus lui-même qu'une machine, un tourneur de manivelles.

Les marteaux, les enclumes, les règles, les compas ne sont pas des chandelles, et moins encore des lumières.

Toute lumière vient d'en haut.

On peut être instruit, très-instruit, c'est-à-dire être dressé à quelque art, à quelque industrie, et n'être pas éclairé.

Le bâton de l'aveugle l'instruit, le soutient, le dirige, mais ne l'éclaire pas.

Les lumières éclairent l'âme, et rien de ce

qui n'éclaire pas l'âme n'est lumière. Or, l'âme ne peut être éclairée que sur ce qui est spirituel comme elle.

Nul n'est sage, s'il n'est pieux.

L'amour *du tout*, l'amour des *femmes*, l'amour *de l'ordre* et l'amour de *Dieu*, sont les quatre amours de la vie ou des quatre âges dans la nature bien ordonnée.

Tout ce qui se corrompt fermente.

Le raisonnement est une espèce de machine intellectuelle à l'aide de laquelle on conclut, c'est-à-dire on enferme dans une opinion déjà adoptée une autre opinion qui souvent n'y entre pas naturellement.

Combien d'épaules sans force ont demandé de lourds fardeaux !

Il faut se piquer d'être raisonnable, mais non pas d'avoir raison.

Les beaux sentimens embellissent : voyez

sur le visage humain l'expression et l'admirable disposition que leur donne la pudeur, le respect, la piété, la compassion et l'innocence.

La voix a une autorité et une propriété d'insinuation qui manque à l'écriture.

Ne montrez pas le revers et l'exergue à ceux qui n'ont pas vu la médaille.

Ne parlez pas des défauts des gens de bien à ceux qui ne connaissent ni leur visage, ni leur vie, ni leur mérite.

Toutes les passions cherchent ce qui les nourrit, et la peur aime l'idée du danger.

Les mœurs poétiques sont celles de la vie humaine et de l'individu isolé;
Les mœurs patriarcales, celles de la famille;
Les mœurs graves celles de l'homme public;
Les mœurs saintes, celles du prêtre, du vieillard et du malade.

Par la chasteté, l'âme respire un air pur dans

les lieux les plus corrompus. Par la continence, elle est forte en quelque état que soit le corps ; elle est royale par son empire sur les sens ; elle est belle par sa lumière et par sa paix.

La philosophie est l'amour de la sagesse ; or, l'amour de la sagesse n'est que l'amour de nos devoirs, rien de plus.

Peu d'hommes sont dignes d'être chefs de famille, et peu de familles sont capables d'avoir un chef.

L'indulgence est fort éloignée de l'indifférence.

L'indifférence penche plutôt vers l'aversion, et l'indulgence vers l'amour.

La puissance sans bonté meurtrit le bien quand elle y touche : et la compassion sans bonté arrose et fomente le mal.

Tout genre d'esprit qui exclut de notre caractère la complaisance, l'indulgence, la condescendance, la facilité de vivre et de converser avec les autres et de les rendre contens de nous et d'eux-mêmes, est un mauvais genre d'esprit.

Il faut aimer sa place, c'est-à-dire la bassesse ou la supériorité de son état.
Si donc tu es roi, aime ton sceptre; si tu es valet, ta livrée.

Il est dans l'ordre qu'une peine inévitable suive une faute volontaire.

On ôte aux orages une de leurs utilités en ôtant aux hommes la crainte religieuse qu'ils en ont naturellement partout.

Il n'est pas nécessaire que les hommes vivent quand ils ne peuvent ou ne veulent pas bien vivre.

Tuer est un mal affreux, car c'est un mal moral; mais mourir n'est qu'un mal physique.

En toutes choses, gardons-nous de fouiller sous les fondemens.

Il faut avoir l'esprit doux. L'esprit est

comme le feu. Quand le feu est doux, il attire; s'il est trop ardent, on le fuit.

Les illusions viennent du ciel, et les erreurs viennent de nous.

Il y a de l'imprudence à laisser sans voile à ses propres yeux ce qui est sacré.

La seule différence qu'il y ait aujourd'hui entre les gens de bien et leurs contraires, est que les uns rêvent l'honnêteté, et que les autres ne la rêvent pas. Leur conduite est d'ailleurs à peu près la même. Les premiers savent ce qui est honnête; les seconds ne le savent pas. Aucun à la rigueur ne le pratique.

La douceur qui succède à la force est une douceur qui se ressent de sa force passée.

Un honnête homme meurt toujours trop jeune, c'est-à-dire trop tôt.

L'erreur agite, la vérité repose.

Ainsi que le médecin fait souvent la médecine avec son tempérament, le moraliste fait souvent la morale avec son caractère, et le théologien la religion selon son humeur.

N'aimer plus que les belles femmes, et supporter les méchans livres; signe de décadence.

On mesure les esprits par leur stature; en quelque sorte il vaudrait mieux les classer et les estimer par leur beauté.

Nos acteurs, et surtout nos danseurs, ennoblissent ce qui est grossier; mais aussi ils dégradent ce qui est héroïque.

Il y a des opinions qui viennent du cœur; et quiconque n'a aucune opinion fixe, n'a pas de sentimens constans.

Nous haïssons toujours les plaisirs que nous ne voulons pas aimer; la haine, en ce cas, est un appui que notre faiblesse donne.

Ce n'est guère que par le visage qu'on est soi; le corps nu montre le sexe plus que la personne : on ne pense plus au visage d'une personne dont on voit le corps nu ; les vêtemens font donc valoir le visage.

La personne est proprement dans le visage ; l'espèce seule est dans le reste.

Il n'y a rien de plus noble que d'être poli, dit Mme de Genlis.

Voyez comme un pareil rapprochement de mots recommande la politesse.

« Piété filiale », dit la même ; ainsi l'honneur qu'on doit rendre à ses parens est un culte.

Voir le monde, c'est juger les juges.

L'amitié est une plante qui doit résister aux sécheresses.

Se connaître soi-même est un devoir ; mais il ne nous est point ordonné de connaître les autres ; observer leurs défauts au-delà du premier coup d'œil est utile aux affaires, mais inutile à nos vertus ; cela nous est même nuisible.

Dire d'un homme qui est vain et bavard :

c'est un bon père de famille, un bon voisin, un hôte affectueux; c'est le juger avec son âme.

Dire au contraire du père de famille homme de bien, du voisin officieux et du propriétaire hospitalier qu'il est bavard, c'est le juger avec son esprit; c'est oublier le visage pour la verrue, et le plan pour le point.

Tous les grands hommes se sont crus plus ou moins inspirés; tous, du moins, ont cru le sentir.

Spiritualiser les corps, c'est aller droit à leur essence; il faut en faire un mérite plutôt qu'un reproche à ceux qui l'ont tenté avec quelque talent.

La vie est un devoir, dont il faudrait tâcher de se faire un plaisir, comme de tous nos autres devoirs.

Sans le devoir et son idée, point de solidité dans la vertu.

Les anciens n'avaient pas plus de génie que

nous, mais leur art était meilleur que le nôtre, et il y avait dans leurs pays un meilleur goût que dans les nôtres; ils avaient hérité d'habitudes qui étaient meilleures.

Consulte les anciens, écoute les vieillards. L'homme qui n'est sage que de sa sagesse propre n'est pas sage.

Le pleurer des enfans est assez ordinaire aux femmes.

Une idée de paix, aussi bien que d'intelligence, se mêle à celle de l'étude, qui la fait respecter et presque envier comme une félicité par les hommes même grossiers.

Toute fausseté d'esprit vient d'un défaut de lumière, dont on n'est pas capable de s'apercevoir.

La multitude des affections élargit le cœur.

Les bons mouvemens ne sont rien, s'ils ne deviennent de bonnes actions; dans la vie morale, pour avoir du plaisir il faut se proposer un but et y atteindre ; or, tout ce qui est but est une borne.

Non seulement il n'y a pas de vertu où il n'y a pas de loi et de règle, mais il n'y a pas même de plaisir. Les jeux des enfans eux-mêmes ont des lois, et n'existeraient pas sans elles ; ces règles sont toujours gênantes, et plus on les observe strictement, plus on s'amuse.

Qui vit sans but, et, comme on dit, à l'aventure, vit tristement.

L'abus de l'expérience est de conclure de quelques unités à la multitude, ou de la multitude à l'absolue universalité.

La vérité n'est point une chose vraie, mais ce qui fait que toutes les choses sont vraies.

C'est une vérité que toutes les choses qui sont vraies ne doivent pas être dites, ou du moins être publiées.

Avoir la connaissance d'un fait n'est pas avoir le droit de le publier ; et savoir un fait n'est pas en avoir la connaissance.

Quand nous réfléchissons, il se fait matériellement dans nos organes des plis, des déplis, des replis qui vont jusqu'au froncement si la réflexion est profonde.

On n'envie guère que ce qu'on serait bien aise d'avoir.

La vie entière est employée à s'occuper des autres : nous en passons une moitié à les aimer, l'autre moitié à en médire.

Il y a moins d'indifférence à médire qu'à oublier.

Les femmes ne sont femmes que pour devenir mères; elles vont à la vertu par le plaisir.

Le petit chat et le morceau de papier dont il se fait une souris : il le touche légèrement, de peur de s'ôter son illusion.

Il y a des vertus moindres, qui paraissent plus des vertus que les plus grandes; comme la lune paraît un astre plus grand que les étoiles.

Il faut savoir entrer dans les idées des autres, et il faut savoir en sortir ; comme il faut savoir sortir des siennes, et il faut savoir y rentrer.

Esprit exalté : l'imagination a seule le privilége de l'être.

Il faut laisser les passions au corps, le cœur ne doit être que tendre.

Quand on a le cœur exalté, on aime faux : il faut aimer de sens rassis pour aimer véritablement.

Laissez flotter les banderoles, et laissez les voiles s'enfler ; le mât seul doit demeurer inébranlable.

Il faut encore plus exercer les hommes à plaindre le malheur qu'à le souffrir.

L'abeille et la guêpe sucent les mêmes fleurs, mais toutes deux ne savent pas y trouver le même miel.

Réalité et *vérité*, — leur différence ; — une pierre tombe et vous frappe, ce n'est qu'*une réalité*.

Un chirurgien s'aperçoit qu'en vous frappant un certain point de la tête il y a eu lésion dans un autre point éloigné, et aperçoit que ces deux points ont entre eux un rapport, un trait d'union qui avait échappé aux recherches de l'anatomiste ; il découvre *une vérité.*

Il faut ne choisir pour épouse que la femme qu'on choisirait pour ami, si elle était homme.

Le mal est le fumier du bien.

L'expérience de beaucoup d'opinions donne à l'esprit qui les a eues beaucoup de flexibilité, et l'affermit en même temps dans celles qu'il croit les meilleures.

On dit que l'adversité forme les hommes ; l'austérité dans les mœurs, la sévérité dans l'éducation en tiennent lieu ; ce n'est même que par la sévérité des procédés que l'on éprouve, et par l'austérité des mœurs qu'on est forcé d'avoir dans l'adversité, que l'adversité forme les hommes.

On ne sait bien quoi que ce soit que lorsque l'on le sait après l'avoir appris il y a longtemps.

Les Grecs aimaient la vérité, mais ils ne pouvaient se refuser au désir de la parer et à l'occasion de l'embellir.

Dinarque disait aux Athéniens :

« Vous avez fait mourir Menon, le meunier, « parce qu'il avait retenu dans son moulin un « enfant libre de Pillène.

« Vous avez puni de mort Thémistius, parce « qu'il avait insulté, pendant les fêtes de « Cérès, une musicienne de Rhodes, et Enthy- « maque parce qu'il avait prostitué une jeune « fille d'Olynthe.... »

Quelle idée une telle sévérité donne à notre esprit de la douceur, des mœurs et de la bonté naturelle qui régnaient chez les Athéniens ! Quelquefois donc des lois rigides annoncent un peuple qui est bon !

Un orateur athénien disait : « Héritiers de « la fortune de vos pères, soyez aussi les hé- « ritiers de leurs sermens. »

Liaison entre ces deux choses : respect dû

aux lois, en vertu desquelles tout ce qu'on aime a été transmis; indivision du bienfait et de la reconnaissance.

Les dettes abrègent la vie.

Les pensées qui nous viennent valent mieux que celles qu'on trouve.

Fleurs dans les cimetières : il faudrait les en arracher, cette terre les dépare; elles font sourire les squelettes, elles sont d'horribles agrémens.

Se mêler des petits objets comme des grands, être propre et prêt aux uns comme aux autres, n'est pas faiblesse et petitesse, mais capacité, suffisance, etc.

Non seulement ce qui est aisé à concevoir paraît vrai, mais aussi cela paraît juste, comme le partage des terres, l'inégalité, etc.

La faute de l'esprit, en ceci, est de confondre deux choses dans une application qui ne devrait pas être la même; la clarté est un signe, un attribut de la vérité, mais elle n'est ni un signe ni un attribut de la justice, où rien ne doit être traité à vue d'œil ; mais avec l'œil, la toise, la mesure, le compas, le calcul et la balance.

Ce n'était pas de la Grèce, mais de la *grécité*, si l'on peut s'exprimer ainsi, que les anciens Grecs étaient enthousiastes ; et peut-être en serait-il ainsi, si l'on y prenait garde, de tous les peuples fameux par leur amour pour leur patrie. C'est l'amour des mœurs, de l'honneur, des lois et des usages de leur pays qui faisait leur patriotisme.

L'erreur principale, la principale ignorance ou la principale faute de la morale, comme doctrine et veillant sur les institutions et les habitudes de la société, consiste à laisser subsister comme innocent ce qui est funeste aux mœurs publiques.

Anglais, gens de bien pour leur propre compte, et gens sans foi pour leur pays.

Toute vérité n'est pas bonne à dire ; car étant dite seule et isolée, elle peut conduire à l'erreur et à de fausses conséquences ; mais toutes les vérités seraient bonnes à dire si on les disait ensemble, et si on avait une égale facilité de les persuader toutes à la fois.

Rien de ce qui se prouve n'est évident, car ce qui est évident se montre, et ne peut pas être prouvé.

Il y a des hommes dont les propos sont badins et les actions sérieuses. Les bons militaires ont ordinairement ce caractère.

Ce sont toujours nos impuissances qui nous irritent.

Les bonnes maximes fortement imprimées dans la mémoire empêchent l'imbécillité.

La simple circonspection nuit aux affaires dans les conseils, et ne sert qu'à celui qui l'a.

Dans l'exécution, la circonspection est meilleure.

Dans les délibérations, c'est la franchise ou la sincérité.

Elle ouvre de nouvelles voies aux recherches, elle promène l'esprit sur plus de points, elle multiplie les unités dans les quantités d'expédiens soumis aux délibérations; enfin elle aide aux heureux résultats; car, pour bien choisir, il vaut mieux choisir entre mille qu'entre deux ou trois.

Le désir de plaire et de rendre service, ou le désir d'être agréable et d'être utile.

Quiconque manque d'un de ces deux désirs, et ne les a pas l'un et l'autre, est imparfait.

Les théâtres doivent divertir noblement, mais ne doivent que divertir : vouloir en faire une école de morale, c'est corrompre à la fois la morale et l'art.

Les caractères fiers aiment ceux qu'ils servent.

Les meilleures lois naissent des usages.

Il y a des cerveaux lumineux, des têtes propres à recevoir, à retenir et à transmettre la lumière; elles rayonnent de toutes parts, elles éclairent; mais là se termine leur action, leur fonction, leur propriété. Il est nécessaire de joindre à leur opération celle des agens secondaires pour leur donner de l'efficacité : c'est ainsi que le soleil fait naître ou plutôt fait éclore, mais ne cultive rien.

Il y a des choses dont nous ne pouvons avoir aucune idée, et dont nous avons le sentiment, comme de notre liberté : quand il s'agit de celle-là, ce n'est pas notre esprit, mais notre cœur qu'il faut consulter.

Ni en métaphysique, ni en logique, ni en morale, il ne faut placer dans la tête ce qui doit être dans le cœur ou dans la conscience. Faites de l'amour des parens un sentiment et un précepte, mais jamais une thèse, une simple démonstration.

Un auteur a dit plaisamment : « Quand on « est parvenu à s'entendre, on ne sait plus que « se dire. »

Mais on est tenté de se quitter et de se fuir quand on ne s'entend pas.

Quand on isole sa faculté rationnatrice de toutes ses autres facultés, quand on parvient à rendre abstrait aux yeux de son esprit ce qu'il y a de plus réel et même de plus solide dans le monde, et pour les sens et pour le cœur, tout est douteux, tout est problématique, et tout peut être contesté.

Que parlez-vous d'*ordre*, de *beauté ?* il n'y a pour la faculté rationnatrice isolée que des *non* ou des *oui*, des *absences* ou des *existences*, des *unités* ou des *nullités*.

La nécessité qui vient des choses nous soumet; celle qui vient des hommes nous révolte.

Sortir du *raisonnement* pour entrer dans le *sens intime*, du *sujet* pour parcourir la matière, des *argumens* pour prendre haleine en se livrant *au sentiment*, est très-permis, très-utile et très-convenable dans les discussions de bonne foi.

Il ne faut pas qu'elles soient *méthodiques* au point de ne pouvoir être *ingénues*.

Il faut être comme M. de Turenne, aimer le naïf.

Premièrement, le vrai s'y trouve, au défaut de la vérité;

Secondement, la vérité s'y trouve aussi, et plus souvent, et plus facilement, et surtout, et toujours pure.

Des vrais et faux diamans.
Mêmes facettes, même éclat ; mais il y a dans la lumière des premiers une liberté, une joie qui ne se trouve pas dans la lumière des seconds ; le vrai y manque, *et rien n'est beau que le vrai.*

La lumière ! elle est belle même lorsqu'elle n'éclaire rien ; mais lorsqu'elle éclaire le mal ! même alors elle est belle, mais ce qu'elle éclaire est hideux.

Quiconque éteint dans l'homme un sentiment de bienveillance, le tue partiellement.

Les poëtes doivent être la grande étude du philosophe qui veut connaître l'homme.

La peine de voir un autre mieux traité que soi, n'est pas toujours jalousie.

L'habitude de penser en donne la facilité ;

elle nous rend plus pénétrans et plus prompts à tout voir, parce qu'elle rend les organes de la pensée plus flexibles et plus nourris.

Combien de jugemens nous formons, pleins de justesse et admirables ailleurs, qui se font avec tant de rapidité qu'ils échappent à la réflexion qui les observe pour les confier à la mémoire.

Tel est celui qui nous fait avancer les mains en nous précipitant.

Presque tous ceux qui ont pour terme les idées qui proviennent du dedans de nous-mêmes sont de ce genre.

C'est une bien cruelle situation que celle de ne pouvoir se résoudre à haïr et mépriser quelqu'un qu'on ne peut aimer ni estimer.

On est moins ennemi de ceux qui nous haïssent que de ceux qui nous méprisent.

Un homme qui ne montre aucun défaut est un sot ou un hypocrite dont il faut se méfier.

Il est des défauts tellement liés à de belles

qualités, qu'ils les annoncent et qu'on fait bien de ne pas s'en corriger.

On n'aime souvent et on ne loue nos belles qualités que parce que nos défauts en tempèrent l'éclat.

Il arrive même souvent qu'on nous aime plus pour nos défauts que pour nos bonnes qualités.

On est plus à son aise avec un homme que l'on hait qu'avec un homme qui nous dégoûte.

La haine entre les deux sexes ne s'éteint guère.

Je ne conseillerai à celui qui veut connaître l'homme, d'être fou ni d'être sage, tant qu'il est jeune; qu'il se laisse aller et qu'il s'examine.

Peut-être, par une juste disposition de la Providence, les forfaits multiplient les maux qu'ils veulent prévenir.

Peut-être, si Caligula n'avait pas été tué par

un coup et une conspiration qui paraissent d'abord louables, Claude n'aurait pas régné, ni Néron, ni Domitien, ni Commode, ni Héliogabale, etc.

Caligula, après quelques crimes, aurait vécu son âge, serait mort dans son lit, et la succession des empereurs romains aurait pris un autre cours, et un cours plus heureux.

Peut-être ce qui est mal, ou entaché du mal, ne produit jamais que du mal; Dieu se réserve les malheurs pour les infliger à propos. Enfin nous sommes chargés de bien faire, et de bien faire uniquement; c'est notre tâche.

Il doit suffire au plus vain et au plus ambitieux des esprits, s'il est sage, de désirer et d'obtenir autant d'intelligence qu'il en faut pour connaître et pour goûter ce qu'il y a de plus exquis dans les choses divines et humaines.

Quand la Providence livre le monde à la liberté de l'homme, il en résulte le plus grand de tous les fléaux.

Il est des esprits qui vont à l'erreur par

toutes les vérités; il en est de plus heureux qui vont aux grandes vérités par toutes les erreurs.

Les lieux meurent comme les hommes, quoiqu'ils paraissent subsister.

Le plaisir qu'on éprouve à être juste contre soi-même vient d'un retour à l'ordre par la vérité.

Le sang lutte sans cesse contre le précepte, et l'esprit contre la foi, excepté lorsque le sang a peu de feu ou l'esprit peu de mouvement.

O noble espèce humaine! combien d'années, de lustres et de siècles s'écouleront avant que tu touches au point au-delà duquel est la perfection!

Les âmes vives se dégoûtent des plaisirs, parce qu'elles trouvent du mécompte dans leur calcul.

Si le plaisir est mauvais, profitez du premier moment pour les en arracher; si elles y reviennent, tout est perdu, elles prendront l'objet tel qu'il est, et s'en contenteront.

Les devoirs ont une loi qui en règle l'accomplissement.

Aucun bon sentiment ne doit excéder le cercle de son ordre propre.

Point d'empressement sans mesure;

Point d'élan qui soit trop subit;

Que la force ait de la souplesse;

Que l'équité soit dominante;

Qu'on ait l'empire de soi-même, et que par cet empire on soit maître de ses vertus.

La faiblesse qui conserve vaut mieux que la force qui détruit.

Nos esprits n'ont pas de base, et se terminent en pointe; il faut de larges fondemens.

Il faut toujours avoir dans sa tête un coin ouvert et libre pour y donner une place aux opinions de nos amis, et les y loger en passant.

Il faut avoir un cœur et un esprit hospitaliers.

Il devient réellement insupportable de converser avec des hommes qui n'ont dans le cerveau que des cases où tout est pris.

Il ne faut jamais regretter le temps qui a été nécessaire pour bien faire ce qu'on a fait.

Faites que ce qui est vice chez les autres soit chez vous une qualité.

Toutes les choses qui sont aisées à bien dire ont été parfaitement dites; le reste est notre affaire ou notre tâche : tâche pénible!

Quand on veut ne faire entendre que la raison, il faut attendre qu'elle parle, et elle ne se presse pas : elle ne précipite rien, parce qu'elle prend garde à tout.

« Il n'est pas honnête de contredire les gens dans leur maison, dit le conte. »
Ainsi chaque homme a le droit d'être maître absolu dans sa maison, d'y vivre en roi, et d'y être heureux, même par son amour-propre.
C'est là qu'il est comme permis à ses infirmités et à tous ses défauts d'être à l'aise. Il est

chez lui ; quiconque y vient, entre dans un empire étranger.

Ce sont de tels priviléges qui, chez les peuples civilisés, rendent la vie domestique délicieuse et préférable à toutes les indépendances de l'homme brut et isolé.

Cette vie, au surplus, a des devoirs qui imposent perpétuellement le sacrifice de ces droits. Mais l'abandon qu'on en fait est volontaire, agréable, généreux, honorable, presque glorieux, et devient ainsi une possession, une jouissance et un bien de plus que l'on se donne.

Le genre humain est dans sa masse une chose mobile qui cherche à se mettre au niveau.

La probité parfaite consiste à conformer sa vie, premièrement aux lois civiles, secondement aux lois de l'honneur, troisièmement aux lois du juste et de l'injuste, dont les âmes délicates ont un sentiment si vrai au fond de leur conscience.

C'est presque toujours avec les difficultés

qui naissent de ses idées, et non avec les difficultés qui naissent des choses, que l'homme est aux prises dans les discussions dont il tourmente son esprit et l'esprit des autres.

Toutes les fois qu'une idée est claire, quelque embarrassante que soit l'objection qui l'attaque, cette objection est fausse; s'y arrêter est une duperie.

Combattre des objections, ce n'est souvent détruire que des fantômes; on n'éclaircit rien. Par-là seulement on rend muets ceux qui obscurcissent.

Il faut mourir aimable, si on le peut.

Pétrarque adora pendant trente ans, non pas la personne, mais l'image de Laure; tant il est plus facile de conserver ses sentimens et ses idées que ses sensations; c'est ce qui faisait la fidélité des anciens chevaliers.

« *De ce qui ne tombe pas sous les sens.* »
Cette expression est empruntée de l'opération du sens de la vue; celui-ci semble frapper

les objets par ses rayons et agir sur eux, au lieu que dans l'opération de presque tous les autres sens, les objets semblent les frapper eux-mêmes et tomber sur eux, comme quand on est touché par quelque corps dur ou liquide, par quelque son, quelque odeur, ou quelque saveur.

Une image peut être bonne et suffisante pour produire un *sentiment*, une *affection*, mais non une *conviction*.

Il y a dans tous nos plans d'amélioration ou de réforme une *hyperbole d'intention* perpétuelle qui nous fait viser au-dessus et au-delà du juste but.

« Progrès des sciences », dit-on sans cesse, et on ne pense et on ne dit rien de la possibilité et du danger de leur *dégénération*.

Dans ses opérations, la logique part d'une définition, et la métaphysique d'une idée.

L'une a pour but la conviction, et l'autre la clarté et l'assentiment.

La première appartient au *judiciaire* ; la

seconde au démonstratif : celle-ci est essentiellement persuasive, expositive, l'âme y prend part; mais dans les opérations de la logique et de l'arithmétique, une espèce de calcul est seul employé.

La différence d'un *axiome* et d'une *idée*, d'un *principe* et d'une *notion*.

Tout ce qui est incontestable n'est pas toujours pour cela clair, évident ou senti.

La métaphysique rend l'esprit singulièrement ferme. Voilà pourquoi rien n'est si cruel quelquefois qu'un métaphysicien.

Convertir un docteur est une œuvre impossible.

Les Athéniens avaient l'esprit naturellement noble et pathétique, comme les Français l'ont naturellement plaisant.

Ce qu'il y a de pire dans l'erreur, ce n'est pas ce qu'elle a de faux, mais ce qu'elle a de volontaire, d'aveugle et de passionné.

Je ne vois qu'une seule chose qui puisse laisser quelque innocence au suicide, le remords; je veux dire quand un remords en est la cause, mais un remords subit et prompt.

Une vieille société, disent-ils; eh! ce reproche est leur propre condamnation.

Ils traitent cette société, déjà si ancienne, comme si elle n'avait pas encore existé, et qu'il fût question de la former.

Prospérité, commerce.
C'est parler comme un négociant, et non pas comme un philosophe.

Le philosophe aime mieux pour lui la vertu et la pauvreté. Il l'aime mieux aussi pour les autres.

Pour les peuples, pour les nations, ne tendre qu'à les enrichir, c'est opérer en banquier et non pas en législateur.

Les salons ont perdu les mœurs.

Il est un grand nombre de décisions où le jugement n'intervient pas : on décide sans évidence, de lassitude, de précipitation, pour terminer un examen qui ennuie, ou pour faire cesser en soi une incertitude qui tourmente;

on décide enfin par volonté, et non par intelligence.

Le tact précède le toucher, de même la sagacité précède notre attention.

L'homme désire souvent être oiseau. Il sent que son bonheur est dans les airs.

Des forces toujours en travail, une activité sans repos; du mouvement sans intervalles, des agitations sans calme; des passions sans mélancolie; des plaisirs sans tranquillité, c'est vivre sans jamais s'asseoir, vieillir debout, bannir le sommeil de la vie, et mourir sans avoir dormi.

Penser ce que l'on ne sent pas, c'est mentir à soi-même.

Tout ce qu'on pense, il faut le penser avec son être tout entier, âme et corps.

L'évanouissement est une mort courte.

Une conversation ingénieuse avec un homme, c'est un unisson. Avec une femme, c'est une harmonie, un concert. Vous sortez satisfait de l'une, vous sortez enchanté de l'autre.

La crainte est un sentiment : la prévoyance est une opération de l'esprit. Prévoir les maux, ce n'est pas les craindre.

Il faut toujours représenter le méchant fou, et fou par suite de quelque passion.

Le paradoxe énonce le plus souvent une proposition vraie, dont le contraire est vrai aussi.

Quiconque n'a pas le mérite ordinaire, avec un mérite extraordinaire, n'a pas assez de mérite.

Le ciel a fait toutes les vérités à deux faces, dont l'une regarde les forts, et l'autre regarde les faibles. Chacun d'entre eux lit ses devoirs sur le côté qui s'offre à lui. Que si par la succession des temps ces médailles sont retournées; et s'il arrive, par exemple, que les forts n'aient en face d'eux que le côté où sont écrits les devoirs des faibles, les faibles, à leur tour, et par une inévitable conséquence, n'ont sous les yeux et devant l'esprit que les seuls devoirs des forts, et nul ne sait ce qu'il doit faire, mais bien ce que doit faire autrui.

Il faut que toutes les vérités soient doubles, et les vertus aussi, et les sentimens aussi, pour être des vertus : la physique et la morale ; la sévérité et l'indulgence.

Ne donnons le nom de vérité à rien de ce qu'il est permis d'ignorer.

Il n'y a de vérités dignes de ce beau nom que celles qui éclairent le cœur et qui règlent les actions.

On raisonne aussi bien (je veux dire aussi raisonnablement) avec des sentimens qu'avec des idées, si ces sentimens sont bons, louables et très-naturels.

Des yeux vieillis ont besoin de lunettes. Des yeux trop délicats n'aiment à rien voir qu'à travers un prisme.

Nous avons malheureusement des organes trop raffinés. Aucun son n'aura bientôt pour nous assez de douceur, si on n'a soin de le tempérer par quelque sourdine.

En notre qualité d'hommes, nous sommes tous en cette vie dans un état de demi-animalité, et par conséquent de barbarie ou de grossièreté.

Le beau est toujours sérieux.
Le beau a toujours quelque calme, mais non toujours quelque sérénité.
La douleur a ses équilibres.
La tranquillité de la vie peut quelquefois balancer comme un contre-poids la désolation du moment.

La table est une espèce d'autel qu'il faut parer les jours de fête et les jours de festin.

Les belles manières tendent à imiter la bonne mine.
On se tient droite, pour paraître grande. On efface ses épaules, pour rendre sa poitrine large. On marche la tête levée, pour donner à son col une longueur plus gracieuse.
La bonne mine tient à la construction d'un

corps bien fait; les belles manières nous en donnent quelque apparence.

Nos idées sont toujours et plus nobles et plus belles, et plus propres à toucher l'âme, que les objets qu'elles représentent, quand elles les représentent bien.

La perfection ne laisse rien à désirer dès le premier coup d'œil, mais elle laisse toujours quelque beauté, quelque agrément, quelque mérite à découvrir.

Tout vieillit, même l'estime, si on n'y prend garde.

L'opposé des défauts de chaque siècle plaît dans ce siècle-là, lors même que c'est un défaut.

Il ne peut y avoir de bon temps à venir que celui qui ressemblera aux bons temps passés.

La plupart des changemens qui se font dans l'enseignement des sciences, et que nous appelons progrès, ne sont qu'un changement dans la manière de concevoir comment s'opèrent certains effets et comment agissent certaines causes.

La présomption apporte autant d'erreurs que la crédulité ; d'où je conclus qu'il vaut mieux encore se tromper de l'erreur d'autrui que de la sienne propre.

La patience et le mal, le courage et la mort, la résignation et la nécessité, arrivent ordinairement ensemble.

L'indifférence pour la vie naît avec l'impossibilité de la conserver.

Il n'y a rien de parfaitement vrai, pour l'homme, dans les opinions humaines, comme il n'y a rien de parfaitement rond.

Il n'est jamais permis de se dépouiller de la politesse pour lutter contre les gens grossiers.

Rien n'est beau, après les armes, que l'étude et la piété.

Il est des bonnes qualités qui ne se transmettent pas, ou qui n'entrent pas dans le cours de l'hérédité.

Ce qui est délicat s'évapore.

Le fils d'un homme grave et robuste est ordinairement un homme sensé. Le fils d'un homme d'esprit est rarement homme d'esprit.

Tous ceux qui ouvrent un œil sur les défauts de leurs amis, qui les épient et les aperçoivent, les découvrent avec joie.

Les aveugles sont gais; le ciel dédommage l'aveugle.

L'idée que les corps s'attirent par leurs masses, et se repoussent par leurs surfaces, peut être appliquée à la morale.

En effet, combien d'hommes dans la société se conviendraient par leur nature, qui se repoussent par leurs manières, leurs opinions et leurs habitudes!

Que peut-on faire entrer dans un esprit qui est plein, et plein de lui-même?

Nul ne peut être sage, et rien ne peut être

éclairé, si, comme elle l'est réellement, on ne place la terre entre deux cieux dans son esprit.

Ce qui nous trompe en morale, c'est l'amour excessif du plaisir.

Ce qui nous arrête et nous retarde en métaphysique, c'est l'amour de la certitude.

Le temps et la vérité sont amis, quoiqu'il y ait beaucoup de *momens* contraires à la vérité.

La justice est la vérité en action.

Que gagnent à la liberté les sages et les gens de biens, ceux qui vivent sous l'empire de la raison et sont esclaves du devoir?

Peut-être ce que le sage et l'homme de bien ne peuvent jamais se permettre ne devrait-il être permis à qui que ce soit.

Les corps les plus opaques, dès qu'ils sont visibles, ont en effet plus de lumière que les autres.

Ni pour son plaisir ni pour le nôtre, il ne

faut avoir pour commensal perpétuel un excellent convive ; il nous blase et nous le blasons.

La lenteur dans la justice en augmentait la dignité ; elle était une partie de la punition du plaideur de mauvaise foi, qui vivait dans de *longues craintes*.

Cherchons nos lumières dans nos sentimens. Il y a là une chaleur qui contient beaucoup de clartés.

Il est des esprits légers, mais qui n'ont pas de légères opinions ; leurs doctrines et leurs vertus les rendent graves quand il le faut.

Il y a au contraire des esprits sérieux et sombres qui ont des doctrines très-futiles, et alors tout est perdu.

Nous sommes tous plus ou moins *échos*, et nous répétons malgré nous les vertus, les défauts, les mouvemens et le caractère des autres. J'entends de ceux avec qui nous vivons.

Être philosophe, dans l'acception populaire

du mot, c'est être déterminé à juger de tout par sa propre raison.

Dans les festins, il suffit d'être joyeux pour être aimable.

Notre vie est du vent tissu.

C'est à l'imagination que les plus grandes vérités sont révélées.

Par exemple : la Providence, sa marche, ses desseins qui échappent à notre jugement ; l'imagination seule les voit.

L'imagination dans ce qu'elle a de meilleur, est l'intelligence des choses invisibles, la faculté de les représenter.

C'est une grande vérité qu'il y a des erreurs invincibles qu'il ne faut jamais attaquer.

Ce sont les erreurs de l'esprit qui seules ont fait tous les maux du siècle. Les plus entêtés ont été les plus scélérats.

Perfectibilité humaine. N'en pas découvrir l'étendue, c'est avoir une vue courte. N'en pas apercevoir les bornes, est un défaut de jugement.

La résignation est cent fois plus aisée que le courage, parce qu'elle a hors de nous un motif, et que le courage n'en a pas. Si donc l'un et l'autre diminuent les maux, employons celui des deux qui les diminue le mieux.

Il faut compasser l'absence par le souvenir.

Celui qui a vu souvent une chose, quand il veut la revoir avec plaisir, s'associe par instinct quelque homme qui ne l'ait pas vue.

Les anciens avaient affecté et comme consacré par leurs usages : La main droite à la foi ; la bouche à l'affection ; le sourcil au dédain, au courage, à la gravité ; le nez à la dérision ; la prunelle à la pudeur, et les genoux à la miséricorde.

Les idées exagérées de compassion et d'humanité conduisent à la cruauté.

Le philosophe, dans l'acception que l'on

donne à ce mot en France, est un homme qui aspire à se conduire par sa propre raison et jamais par la raison d'autrui; qui érige, dans son esprit, un tribunal où il fait comparaître tout ce que les hommes respectent, et préfère ses pensées particulières et les règlemens qu'il s'impose, aux mœurs, aux lois et aux usages qu'il trouve établis.

Le philosophe chez les Grecs était le métaphysicien; chez nous c'est le réformateur.

Il peut être permis de décrier le jeu et le rôle d'un homme, mais jamais son être et ses mœurs, à moins qu'il n'en fasse étalage. On peut le siffler à son théâtre, mais non dans l'intérieur de sa maison ni dans la rue; il doit toujours être traité comme il se montre.

La justice est le droit du plus faible.

La nature avait pourvu à rendre l'homme libéral en lui donnant l'incapacité de compter.

La contradiction ne nous irrite que parce qu'elle trouble la paisible possession où nous sommes de quelque opinion ou de quelque prééminence. Voilà pourquoi les faibles s'en irritent plus que les forts, et les infirmes plus que les sains.

Il faut faire du bien lorsqu'on le peut, et faire plaisir à toute heure; car à toute heure on le peut.

Ne coupez pas ce que vous pouvez dénouer.

Si la fortune veut rendre un homme estimable, elle lui donne des vertus; si elle veut le rendre estimé, elle lui donne des succès.

Le monde me paraît un tourbillon habité par un peuple à qui la tête tourne.

La vérité, comme le feu, se manifeste de deux manières : par la lumière et par la chaleur; sa lumière produit ce qu'on appelle l'évidence; sa chaleur produit l'enthousiasme (je parle de celui qui est naturel, tranquille, doux et sans inégalités); on peut dire encore que, comme le feu, elle se manifeste aussi par une espèce de fumée, de brouillard et d'obscurité, vapeur légère, quoique épaisse, dont sont formées nos opinions qui viennent d'elle, et ne sont pas elle.

La faculté de penser est de mille espèces; comme toutes les facultés, elle varie en forces, en clarté, en consistance, en étendue. L'oiseau pense, mais non pas comme l'homme; ni le poisson comme l'oiseau. Ainsi l'arbre sent, mais non pas comme l'animal; ni le champignon comme l'arbre.

Tout ce qui est individu, c'est-à-dire existant à part, et formant un être distinct ayant la faculté de croître et de se reproduire, a de la sensibilité. Tout ce qui joint à la sensibilité la faculté de se mouvoir, ou sur soi, ou autour de soi avec choix, et par une détermination propre, a quelque manière de penser; mais l'homme seul a des pensées dont il peut former un tissu et une longue contexture.

Un homme et une femme seuls dans une île déserte. La chasteté forme cette île déserte autour de nous partout où nous vivons.

Ferme et têtu. On est ferme par principes,

on est têtu par caractère ou plutôt par tempérament. Le têtu est celui dont les organes, quand ils ont une fois pris un pli, n'en peuvent plus, ou n'en peuvent de longtemps prendre un autre.

Pensez aux maux dont vous êtes exempt.

Rien ne fait autant d'honneur à une femme que sa patience, et rien ne lui fait si peu honneur que la patience de son mari.

De l'humeur naît une vapeur au travers de laquelle on voit tout à faux.

La faiblesse des mourans calomnie la vie.

Quand tu donnes, donne avec joie et en souriant.

L'homme naît généreux.

Les monumens sont les crampons qui unissent une génération à une autre.

Si la nouveauté est indispensable aux passions pour les faire naître, la variété leur est nécessaire pour subsister.

Il est des aveux qui annoncent plus d'impudence et d'audace que de franchise et de bonne foi.

Chacun est compatissant aux maux qu'il craint : jamais charretier ne vit une voiture renversée sans lui porter secours.

La paix des prisons en est le dédommagement.

L'un aime à dire ce qu'il sait, et l'autre à dire ce qu'il pense.

Au lieu de se plaindre de ce que la rose a des épines, il faut se féliciter de ce que l'épine est surmontée de roses, et de ce que le buisson porte des fleurs.

Dans le discours, la passion qui est véhémente ne doit être que la dame d'atours de l'intelligence qui est tranquille. Il faut, il est permis, il est même louable de parler avec son humeur, mais il ne faut penser et juger qu'avec sa raison.

On ne peut espérer de véritable affection de personne, si ce n'est de ceux qui sont naturellement doux et aimans.

S'il y a un manche à un couteau, pourquoi le prendre par la lame ?

La mauvaise santé est un moyen d'être meilleur; elle est aussi un moyen d'être pire, selon l'âge et les passions.

L'homme est un livre dont on n'a fait encore que le titre.

Complaisance n'est pas faire ce que les autres veulent, mais trouver du plaisir à ce qui plaît aux autres ; le reste est *condescendance*.

C'est vivre cent fois que de savoir comment on vit.

Après la *Nouvelle Héloïse*, les jeunes gens eurent des prétentions à être amans, comme ils en avaient auparavant à être buveurs ou bretteurs.

Le repentir met l'homme en paix avec ses fautes.

La pauvreté est un des moyens dont la Providence se sert pour maintenir l'ordre du monde : — en réprimant par ce frein quelques méchans, et en contenant leurs murmures par l'exemple de quelques bons qui souffrent comme eux.

Le penchant à la destruction est un des moyens employés pour la conservation du monde.

La défiance est le partage des aveugles.

Êtes-vous pauvre, signalez-vous par des vertus.

Êtes-vous riche, signalez-vous par des bienfaits.

En tout genre, l'affectation consiste à étaler ce qu'on n'a pas, ou à vouloir faire estimer ce que l'on donne plus que cela ne vaut : elle est aussi une attention au mérite de ce qu'on dit.

Vertu. — En l'exaltant, ils l'exhaussent tellement, qu'elle paraît petite.

La vanité n'entend raison que lorsqu'elle est contente.

Le plaisir de donner est nécessaire au vrai bonheur, mais le plus pauvre peut l'avoir.

La grâce imite la pudeur, comme la politesse imite la bonté.

La tulipe est une fleur sans âme; mais il semble que la rose et le lis en aient une.
La rose est une fleur de chair, la tulipe une fleur d'étoffe.
Le lis est beau comme un jeune homme; on sait à quelle beauté la rose est souvent comparée.

Les changemens subits de fortune ont un grand inconvénient : c'est que les enrichis n'ont pas appris à être riches, et que les ruinés n'ont pas appris à être pauvres.

L'illusion est une partie intégrante de la réalité; elle y tient essentiellement, comme l'effet tient à la cause.

Naturellement ceux qui n'ont rien à faire passent le temps de leur oisiveté à censurer les autres.

La seule de nos danses qui eût un caractère moral, le menuet, a disparu, et avec lui la dignité dans les plaisirs.

Le siècle a cru faire des progrès en allant dans des précipices.

Il y a des gens qui n'ont de la morale qu'en pièce; c'est une étoffe dont ils ne se font jamais d'habit.

La misère éteint les passions, et l'abondance les nourrit.

Chaque sens a son avant-sens, et si je puis

ainsi parler, son instrument pré-essayeur, avec lequel, dans tous ses doutes et dans ses hésitations, il opère et juge de loin et en se tenant en arrière.

Le tact est celui du toucher.

La pudeur est un tact suprême et différent de tous les autres, en ce que dans ses effets il opère toujours la *distance* et jamais *le rapprochement*; il nous renferme dans nous-mêmes.

Un beau paysage donne le goût de la retraite.

L'expression d'un beau caractère nous dispose à l'avoir en nous.

La vérité ressemble au ciel, et l'opinion à des nuages.

Il y a des hommes qui n'ont tout leur esprit que lorsqu'ils sont de bonne humeur, et d'autres que lorsqu'ils sont tristes.

La lie a beau faire, elle retombe au fond par sa propre grossièreté.

L'intelligence est la floraison, le développement complet du germe de la plante humaine.

Les parfums cachés et les amours secrets se trahissent.

La politesse est une sorte d'émoussoir qui enveloppe les aspérités de notre caractère, et empêche que les autres n'en soient blessés.

Il y a, dit-on, des injures qu'il faut mépriser ; disons plus : il y en a qu'il faut honorer.

La peine du talion n'est pas toujours équitable quand elle égalise, mais elle est toujours atroce quand elle excède.

L'esprit humain a, dans tous les siècles, les mêmes forces, mais non pas la même industrie et d'heureuses directions.

Il entre dans toute espèce de débauche beaucoup de froideur d'âme ; elle est un abus réfléchi et volontaire du plaisir.

Le respect est meilleur encore à éprouver

qu'à inspirer, car le respectueux est toujours estimable.

Ce sentiment a pour principe et pour arrière-cause une opinion d'excellence et une idée de perfection qui ne peuvent pas se former dans ceux où rien n'est excellent.

Le médiocre est l'excellent pour les médiocres.

Il est des hommes droits et flexibles comme des roseaux, c'est-à-dire prêts à plier au moindre vent.

Il n'y a que nos passions et nos pensées qui nous fassent comprendre celles des autres.

Il y a des vérités inférieures qui servent à la vie et à ses usages ;

Des vérités moyennes qui exercent l'esprit, et qui lui donnent quelque satisfaction (malheureusement la satisfaction de lui-même);

Enfin des vérités sublimes, des vérités supérieures qui éclairent l'âme, la nourrissent et font son bonheur.

Il faut toujours lier les premières aux dernières, c'est-à-dire les inférieures aux supérieures par les moyennes.

Les uns ne peuvent trouver d'activité que dans le repos, et les autres de repos que dans le mouvement.

La crainte fixe l'amour, au moins dans les enfans.

Il y a dans le premier de ces sentimens quelque chose d'austère qui empêche l'autre de s'évaporer.

Où le siècle tombe, il faut l'appuyer.

Il est une nouveauté, fille du temps, qui fait les développemens; l'autre nouveauté, fille du mouvement, fille des hommes, des passions, des fantaisies, brouille tout, dérange tout, et ne permet à rien de durer et de s'achever : elle détruit toute antiquité, elle est la mère du désordre, des destructions et du malheur.

Avoir un bon esprit et un mauvais cerveau, cela est très-possible et assez commun parmi les hommes délicats; et entendez bien, que mauvais cerveau ne veut pas dire *mauvaise tête.*

La joie vaut mieux que le plaisir, puisque c'est un plaisir qui est commun à nous et aux autres.

Le luxe est ennemi des arts, ou du moins il leur est funeste, car il en pervertit l'usage.

On peut convaincre les autres par ses propres raisons, mais on ne les persuade que par les leurs.

L'esprit faux est celui qui voit la lumière où elle n'est pas, mais non celui qui ne voit pas la vérité où elle est.
L'esprit bizarre et l'esprit faux sont deux esprits.
L'esprit faux veut endoctriner et se complaît dans sa supériorité imaginaire.
L'esprit bizarre n'est que têtu.

En prenant pour un travers d'esprit ce qui n'est qu'un travers d'opinion ; en prenant pour un défaut de caractère ce qui n'est qu'un défaut d'humeur; en jugeant un homme d'après un propos, une vie d'après un fait, une âme d'après un mouvement, quand tout cela est irrégulier, on fait beaucoup de mal et beaucoup d'injustices.

Le repentir efface la faute, mais il ne détruit pas le vice.

Les beaux dehors sont respectables; il ne faut censurer que ce qui les dément.

Il peut être pardonnable de juger les vivans avec notre humeur, parce qu'ils sont vivans; mais il n'est permis de juger les morts qu'avec notre raison, parce qu'ils sont morts. De plus, devenus immortels, ils ne peuvent plus être mesurés que par une règle immortelle, qui est celle de la justice.

Faire de son humeur la règle de ses jugemens, et de ses fantaisies le mobile de ses actions, affreuse coutume du siècle.

Il est des personnes qui ont beaucoup de raison dans l'esprit, mais qui n'en ont pas dans la vie ; d'autres, au contraire, en ont beaucoup dans la vie, et n'en ont pas dans l'esprit.

Les mouvemens du pouls mesurent le temps, les mouvemens du cœur mesurent la vie; mais la paix seule et les mouvemens de notre âme mesurent le bonheur.

Les esprits simples et sincères ne se trompent jamais qu'à demi.

Plaisirs. Celui qui les craint vaut mieux que que celui qui les hait.

Aux santés inégales, il faut un régime inégal.

Il semble qu'il y ait dans la vie quelque chose de spirituel.

Quand mes amis sont borgnes, je les regarde de profil.

Il y a des crimes que la fortune ne pardonne jamais.

Toutes les fois que les mots : autel, tombeaux, héritage, terre natale, mœurs anciennes, nourrice, maître, piété, sont prononcés ou entendus avec indifférence, tout est perdu.

Qui est-ce qui pense pour le seul plaisir de penser? qui est-ce qui examine pour le seul plaisir de savoir?

Il faut porter en soi et avec soi cette indulgence et cette attention qui font fleurir les pensées d'autrui.

Tout ce qui est brillant et qui passe devant les yeux sans donner le temps de le regarder, éblouit; il faut que l'ombre succède à l'éclair pour être supportable.

La régularité semble ne pouvoir partir que d'un dessein, d'une pensée : quand elle est l'effet du hasard, ce hasard ressemble à une prévoyance.

La véritable métaphysique ne consiste pas à rendre abstrait ce qui est sensible, mais à rendre sensible ce qui est abstrait, apparent ce qui est caché; imaginable, s'il se peut, ce qui n'est qu'intelligible; intelligible, enfin, ce qui se dérobe à l'attention.

Le remords est le châtiment du crime; le repentir en est l'expiation.

Le premier appartient à une conscience tourmentée; l'autre à une âme changée en mieux.

Le public vertueux et judicieux est seul le véritable public, le seul public dont les suffrages puissent compter et dont les jugemens fassent loi.

Toutes les femmes aiment beaucoup les esprits qui habitent de jeunes corps et les âmes qui ont de beaux yeux.

Quand on aime, c'est le cœur qui juge.

La métaphysique plaît à l'esprit, parce qu'il y trouve de l'espace; il ne trouve ailleurs que du plein.

Ce n'est jamais l'opinion des autres qui nous déplaît, mais la volonté qu'ils ont quelquefois de nous y soumettre, lorsque nous ne le voulons pas.

Quelquefois on ne peut pas même concevoir les sentimens que l'on n'a plus.

Le bavard est celui qui parle plus qu'il ne pense; celui qui pense beaucoup et qui parle beaucoup, ne passe point pour un bavard.

La facilité est ennemie des grandes choses.

Les esprits singuliers sont naturellement ennemis de tous les autres; ils en diffèrent, et cela suffit.

Le son du tambour dissipe les pensées; c'est par cela même que cet instrument est éminemment militaire.

Les passions humaines se font toujours entendre au cœur humain, où elles retentissent comme dans leur écho.

L'esprit faux est toujours faux, et faux en tout, comme un œil louche regarde toujours de travers; au reste, on n'a l'esprit faux que lorsqu'on a le cœur faux.

Les Grecs disaient : *le sage*, et les Hébreux disaient : *le juste*.

La longanimité consiste à savoir attendre long-temps sans varier dans son but et sans négliger aucun moyen.

L'envie est un vice qui ne cause que des peines.

L'esprit dur est un marteau qui ne sait que briser.

La nécessité peut rendre une action douteuse, innocente, mais ne peut la rendre louable.

La plupart des faits, dans l'histoire, ne sont que des opinions; mais la plupart des opinions, dans les philosophes, sont des faits certains, car il est sûr qu'il les ont eues.

Les véritables bons mots surprennent autant

ceux qui les font que ceux qui les écoutent ; ils naissent en nous, malgré nous, ou du moins sans notre participation, comme tout ce qui est inspiré.

Il est permis de s'affliger, mais il n'est jamais permis de rire de la religion d'autrui.

Si les prophètes l'ont fait, il n'est pas permis aux simples chrétiens d'imiter en tout les prophètes.

Ne confondez pas ce qui est spirituel avec ce qui est abstrait, et souvenez-vous que la philosophie a une muse, et ne doit pas être une simple officine à raisonnement.

Rendez le pauvre vertueux et poli, afin qu'il soit également agréable et recommandable aux yeux des hommes et aux yeux de Dieu.

Il y a une infinité de choses qu'on ne fait bien que lorsqu'on les fait par nécessité.

Celui-là seul peut être appelé *le déserteur*, qui a quitté trop légèrement les anciennes et communes opinions, qui sont comme une patrie où notre esprit a pris toutes ses habitudes.

Il est entré en curieux et en voyageur dans toutes les autres, et peut en sortir à son gré sans encourir aucun blâme légitime, car il y était étranger.

Celui qui fait tout ce qu'il peut, s'expose au danger de montrer ses bornes, en ne pouvant aller plus loin.

Il ne faut donc porter à ces dernières extrémités ni son talent, ni sa force, ni sa dépense.

Les mœurs se composent de deux choses, de coutumes et d'habitudes.

Les coutumes font les mœurs publiques, et les habitudes les mœurs individuelles.

Si les mœurs publiques sont bonnes, les mauvaises mœurs individuelles comptent pour peu, parce que la diffamation, qui les punit, en arrête les inconvéniens; mais quand les mœurs publiques sont mauvaises, les bonnes mœurs particulières, qui en sont la censure et quelquefois le correctif, qui sauvent les principes par une sorte de protestation contre le siècle, qui conservent le feu sacré, qui transmettent comme un dépôt les mœurs anciennes ; les bonnes mœurs particulières, dis-je, acquièrent une importance extrême.

Il ne faut jamais se fâcher dans sa propre cause, ni se permettre des mouvemens peu généreux.

Nice est une femme sans mamelles.

Tout est né de quelque songe, même le monde, qui est né d'une idée de Dieu.
C'est des rêves des hommes de bien que viennent les bonnes actions et les beaux établissemens.

La beauté touche les sens, et le beau touche l'âme.

Le sourire réside sur les lèvres seules; mais le rire a son siége et sa bonne grâce sur les dents.

Notre goût juge de ce que nous aimons, et notre jugement décide de ce qui convient :

voilà leurs fonctions respectives, et ils doivent s'y tenir.

Il faut qu'il y ait entre eux la même différence qu'entre l'inclination et la raison.

Proportionner ses dons à son cœur ou à sa générosité est permis; ses revenus à sa fortune est ordonné.

L'homme qui chante lorsqu'il est seul et pour ainsi dire livré au désœuvrement de la machine, a toujours par cela même dans sa position quelque équilibre, quelque harmonie; toutes ses cordes sont d'accord.

Ce qui étonne, étonne une fois, mais ce qui est vraiment admirable est de plus en plus admiré.

Le droit et la faculté sont deux choses, dont l'une tient à la raison, et quelquefois à une raison méconnue; l'autre tient plus à la puissance mise en jeu par la volonté.

Il n'y a plus aujourd'hui d'inimitiés irréconciliables, parce qu'il n'y a plus de sentimens désintéressés : c'est un bien qui est né d'un mal.

On rend presque démontré ce qu'on parvient à rendre sensible, et on rend presque sensible ce qu'on rend imaginable.

C'est donc un grand service à rendre aux vérités, que de les rendre imaginables.

Il y a une faiblesse de corps qui procède de la force de l'esprit, et une faiblesse d'esprit qui vient de la force du corps.

Le chant doit produire un enchantement : ainsi tout bruit modulé n'est pas un chant, et toutes les voix qui exécutent de beaux airs ne chantent pas.

Il faut, pour chanter et pour enchanter, une disposition d'âme et de gosier qui n'est pas commune, même parmi les grands chanteurs.

C'est un grand désavantage, dans la dispute, d'être attentif à la faiblesse de ses raisons, et attentif à la force des raisons des autres.

Une partie de la bonté consiste peut-être à

estimer et à aimer les gens plus qu'ils ne le méritent; mais alors une partie de la prudence est de croire que les gens ne valent pas toujours ce qu'on les prise.

Le demi-jour est charmant, car c'est un jour ménagé et diminué; mais le crépuscule l'est moins, car ce n'est pas encore un jour; ce n'est que le commencement, et comme on dit fort bien la pointe du jour.

Chaque principe de vie est calculé pour une espèce; s'il est interrompu ou arrêté, dans ce cas même il a servi à agir avec plus de force, comme le trait lancé pour aller au-delà frappe plus fortement un but.

L'intelligence tient à la nature de chaque âme. La faculté de s'exprimer tient à quelque chose de plus mécanique, aux organes peut-être, car l'organisation peut en effet jouer un rôle dans les opérations de notre esprit, mais non pas tout celui qu'on lui attribue.

Il ne faut pas trop étendre ce qui est très-clair. Ces explications inutiles, ces exposés trop continus, n'offrent qu'une longue blancheur, et ils nous en causent tout l'ennui ; c'est l'uniformité d'un mur ou d'une longue pièce de linge.

Tout châtiment, si la faute est connue, doit être non seulement médicinal, mais exemplaire ; ce dernier point est important.

Il est une philosophie pleine de fleurs, d'aménités et d'enjouement, science gaie autant que sublime !

Les défauts qui rendent un homme ridicule ne le rendent guère odieux, de sorte donc qu'on échappe à l'odieux par le ridicule.

Rien n'est plus ennuyeux que la réfutation d'une erreur qui n'est pas la nôtre, et à laquelle nous ne participons ni par nous ni par nos amis.
Si cependant il s'agissait d'une erreur de nos ennemis, nous y prendrions peut-être quelque intérêt par aversion.

Ce n'est pas ce qui est le plus beau, mais ce

qui fait naître en nous les plus belles idées que nous aimons le mieux.

Toutes les belles choses ressemblent à quelque belle chose du même genre, comme tous les beaux visages.

On veut que le pauvre soit sans défaut; c'est qu'il serait peut-être facile au pauvre d'être parfait.

Il fallait aux anciens cent fois plus d'esprit pour imaginer une physique telle que la leur, qu'il ne nous en faut pour apprendre, pour savoir et même pour découvrir la véritable.

Il y a en effet souvent plus d'esprit et de perspicacité dans une erreur que dans une découverte.

Celui qui a de l'harmonie dans l'âme a une âme juste et sage.

Celui qui a de la musique a une âme poétique.

Le bonheur est de sentir son âme bonne; il n'y a point d'autre bonheur, proprement dit, que celui-là; il peut exister dans l'affliction, il peut même exister dans le remords : de là vient qu'il y a des douleurs préférables à toutes les joies, et qui leur seraient préférées par tous ceux qui les ont ressenties.

Il faut mettre du sérieux ou du grave dans la plaisanterie : c'est toujours le sérieux ou le grave qui attache l'âme, tandis que la plaisanterie amuse l'esprit.

Il est fort, disent-ils; oui, fort au figuré, comme un fort de la halle l'est au propre; fort par les muscles, par la fibre ou par les moelles.

Ils ont la tête forte; oui, comme les mulets, comme un âne; c'est pour cela qu'on les trouve des têtes fortes; ils ne sont que très-entêtés.

Il y a des gens têtus de ce qu'ils veulent, et ceux-ci sont têtus de ce qu'ils pensent.

L'air content sied toujours à l'homme de bien.

C'est une vérité, que *toutes vérités ne sont pas bonnes à dire*, ni même à savoir.

Il n'y a de vérités universellement utiles que

celles que tout le monde sait : celles-là, on ne les apprend à personne; mais il est bon de les rappeler souvent, et à tout le monde, et à soi.

Tout ce qui n'est pas abstraction et maxime, est un fait et non pas une vérité. Quand on applique ce beau mot aux choses matérielles, on en obscurcit la clarté.

Il ne faut laisser son esprit se reposer que dans des idées heureuses, dans des idées satisfaisantes ou parfaites. Les idées heureuses, on les a quand on les attend et qu'on est propre à les recevoir.

Il y a dans la plupart des sentimens honnêtes quelque chose de meilleur et de plus puissant que le calcul et la raison : l'instinct et la nécessité.

« Quittez le long espoir et les vastes pensées, » dit le poëte.
Je n'ai plus de vastes pensées.

On sent qu'il y a dans les uns *une douceur aigre*, et dans les autres seulement une *aigreur adoucie*, de telle sorte que l'état habituel des premiers est la *douceur*, qui, dans les autres, n'est qu'un état accidentel. Ceux-ci donc sont *aigres par nature*, et *doux* par accident et par hasard.

Il faut des *uniformes* pour maintenir les distinctions et l'égalité, d'où la nécessité *des lois somptuaires* dans tous les temps, dans tous les régimes et dans toutes les institutions.

Il est des hommes qui se croient éclairés parce qu'ils sont décidés, prenant ainsi la conviction pour la vérité et la forte conception pour l'intelligence.

La force, les richesses, la jeunesse, la santé, les plaisirs, sont nécessaires au méchant homme pour être heureux, mais non pas à l'homme de bien.

N'ayons que les opinions compatibles avec d'excellens sentimens; le sentiment est juge ainsi, en bonne logique, dans les choses intellectuelles.

La morale humaine est insuffisante à régler

les plaisirs. La religion est insuffisante à régler les manières. La doctrine de la politesse est donc nécessaire comme celle de la piété. L'honneur a aussi la sienne.

Tant qu'on a la force de se plaindre de la faiblesse de son esprit, l'esprit a de la force.

Donnons au bien les plus beaux noms, et au mal les noms les plus doux qu'il nous sera possible toutes les fois que nous voudrons apprécier les traitemens que nous ont faits les hommes; car on s'apaise ainsi soi-même.

L'intelligence doit produire des effets semblables à elle, c'est-à-dire des sentimens et des idées.

La matière par elle-même ne produit que des sensations.

La plaisanterie a perdu le monde et le trône.

O mon cher ami! Châteaubriand dit : que *le désir a quelque chose de générateur.*
Cette expression est fort belle. C'est parce

qu'il a quelque chose de divin; et s'il l'est entièrement, c'est-à-dire s'il est aussi réglé que fort, il peut tout.

Survivre à ses passions, et ne pas survivre à ses forces, est un bonheur.

Il est des maux qui sont la santé de l'âme.

Il y a beaucoup de choses qu'il faut laisser dans la vie et qu'il ne faut pas mettre dans les livres.

L'un des avantages de la bonne compagnie et de la société des lettres à Paris, c'est que les idées médiocres s'y dépensent en conversation; on y garde les exquises pour les écrire. A cet égard, la conversation *écume* l'esprit.

Les coquins qui ont du tact démêlent à merveille un honnête homme, et ne s'y fient jamais.

Tout ce qui occupe des autres égaie; tout ce qui occupe de soi seul rend triste. De là cette mélancolie, sentiment de l'homme qui ne pense qu'à soi et qui est trop renfermé en lui-même.

Le mal est que chaque âge, chaque sexe, veut avoir les biens qui n'appartiennent qu'à l'autre sexe et qu'à d'autres âges.

Le repentir est un effort de la nature qui chasse les maux de notre âme.

Les passions ne sont que nature ; c'est le non repentir qui est corruption.

Les Français naissent légers, mais ils naissent modérés.

Il y a de très-graves matières et des questions fort importantes où les principales idées et les idées décisives doivent venir des sentimens. Si elles viennent d'ailleurs, si on en admet d'une autre espèce, tout se perdra.

Les esprits faux sont ceux qui n'ont pas le sentiment du vrai, et qui en ont les définitions; qui regardent dans leur cerveau au lieu de regarder devant leurs yeux; qui consultent, dans leurs délibérations, les idées qu'ils ont des choses, et non les choses elles-mêmes, qu'ils peuvent voir et manier.

Vous allez à la vérité par la poésie, et j'arrive à la poésie par la vérité.

L'innocence est au beau ce que la santé est à la beauté.

Le beau peut se passer de l'ornement de la santé, mais non pas la beauté; et la beauté peut se passer de l'innocence, mais non pas le vrai beau.

Le beau est la beauté de l'âme, ou la beauté pour l'âme.

La beauté est une harmonie, le beau est une perfection.

L'innocence est une expression qui est inséparable du beau.

Le remords est l'innocence au sein du crime.

Il faut agir tant que l'on vit. Mais quoi! faut-il agir à la fin de la vie comme au milieu ou au commencement? A cette époque notre action ne doit-elle pas être dirigée autrement que dans d'autres temps? faut-il alors agir pour ce qui fuit ou pour ce qui s'approche? Pour moi, je crois qu'il faut *planter* et non *bâtir*, quoi qu'en aient dit les jeunes hommes. Le temps et la santé, quand ils changent, changent aussi notre tâche et nos obligations. Tout âge est près de sa fin. Ainsi il y a un avenir qui est toujours propre et dont il nous importe à tous de nous occuper également, avenir que la jeunesse a sous ses pieds, comme la vieillesse le voit placé devant ses yeux.

Les femmes ne sont belles que par l'amour, et les choses religieuses que par le respect et la piété.

Il faut se faire aimer; car les hommes ne sont jamais justes, si ce n'est quelquefois, et seulement envers ceux qu'ils aiment.

Il ne faut jamais pousser hors de soi toute sa pensée, excepté celle dont il est bon de se délivrer.

Il faut toujours retenir en soi une portion de ce que l'esprit a produit, afin qu'il s'en nourrisse; laissez un peu de son miel à cette abeille.

Exhalez la colère tout entière, mais non pas l'amitié; l'injure, et non pas la louange; n'éteignez pas l'esprit, ne le videz pas non plus.

Ce qui est agrément a toujours quelque chose de hasardé.

— Anecdote rapportée par d'Arnaud : « D'où « venez-vous, mesdemoiselles ? — Maman, nous « venons de voir guillotiner. Ah ! mon Dieu ! « que ce pauvre bourreau a eu de peine ! »
Cet horrible déplacement de la pitié peint un siècle où tout est renversé.

Toujours occupé des devoirs des autres, jamais des siens, — hélas !

Nous exprimons quelquefois parfaitement bien notre idée avec des expressions que nous n'entendons pas beaucoup. Nous avons souvent des pensées qui nous brident l'esprit, des manières de voir qui nous empêchent d'avancer; souvent aussi notre esprit va plus loin que notre pensée, et nos paroles plus loin que notre esprit : en pareil cas, ce que nous disons vaut encore mieux que ce que nous avons pensé.

Il ne faut pas oser regarder le devoir en face, mais l'écouter et lui obéir les yeux baissés.

Nous ne pouvons rien concevoir, pas même dire, sans quelque raison préalable; en sorte que nous l'imaginons comme ordre avant même de croire à lui comme puissance et existence.

Il y a dans les flatteries des Orientaux plus d'admiration que de crainte.

Il faut, quand on agit, se conformer aux règles, et quand on juge avoir égard aux exceptions.

Sans le respect, le mérite ne produit point l'illusion qui en fait le charme. Être capable de respect est aujourd'ui presque aussi rare qu'en être digne. On a pour ceux que l'on respecte une espèce d'affection tendre, dont le bonheur serait perdu pour nous si nous n'avions pour eux qu'une estime mesurée à la grandeur de leur mérite, quelque infini qu'on le suppose. Les respectueux ont toujours devant les yeux quelque modèle, car le respect est toujours produit par l'idée de quelque perfection que l'on croit existante dans l'objet de ce sentiment.

Si quelqu'un a deux noms, il faut l'appeler du plus beau, du plus doux et du plus sonore.

Les enfans ne sont bien soignés que par leurs mères, et les hommes que par leurs femmes.

Le nom de *vérité* ne doit être donné qu'à ce qui regarde les natures, les essences, les existences par excellence. Tout le reste ne mérite que le nom de *fait*.

Quelquefois la raison ne raisonne pas, et la déraison raisonne.

La solitude donne un *moi*; mais le moi qui donne la solitude est dans nos pensées, et le moi que donne le monde est dans nos sentimens.

Ceux qui ne se rétractent jamais, s'aiment plus que la vérité.

Le commérage est de ce qui se passe, et non de ce qui est; c'est une curiosité qui roule dans un petit cercle et n'en sort pas; c'est une recherche des faits pour en parler, et non pour en rien conclure.

Il faut traiter nos vies comme nous traitons nos écrits; mettre en accord, en harmonie le milieu, la fin et le commencement. Nous avons besoin pour cela d'y faire beaucoup d'effaçures.

Prévoir avec force, c'est voir; ce qu'on voit ainsi se rend présent.

Les enfans et les esprits faibles demandent si le conte est vrai. Les esprits sains examinent s'il est moral, s'il est naïf, et s'il se fait croire.

Tous les hommes ne peuvent pas se donner

un habit assorti à leurs mœurs; mais tous assortissent inévitablement leurs manières à leur habit.

En toutes choses, quiconque corrompt l'idée que les hommes doivent se faire de la perfection, corrompt le bien dans ses premières sources.

Mettez la poésie d'Homère ou l'éloquence de Démosthènes à la mode, les Français en feront et même ils y excelleront.

Mépriser et décrier les temps dont on parle, comme le fait Voltaire, c'est ôter tout intérêt à l'histoire qu'on écrit.

La politesse est l'art de s'ennuyer sans ennui, ou, si vous l'aimez mieux, de supporter l'ennui sans s'ennuyer.

On aime à faire soi-même ses bonnes actions.

La première clarté du jour est plus réjouissante que celle des heures qui la suivent; elle a, à proprement parler, un caractère essentiel d'hilarité; elle en teint toutes nos humeurs, sans notre participation.

La santé? oui, elle aide à garder son esprit; mais aussi elle aide à garder sa folie.

Le mot de Léandre : « Ne me noyez qu'à mon retour », est, au fond, le même que celui d'Ajax : « Fais-nous périr à la clarté du jour. »
Mais par les circonstances, le mot d'Ajax est héroïque, et celui de Léandre n'est que galant.

Les circonstances forment, pour les actions et les paroles, une espèce de lien qui moule sur soi, et rapetisse ou agrandit ce qui se passe ou ce qui se dit au milieu d'elles.

Il y a le *vrai* et la *vérité*. Tout ce qu'on *sait* n'est pas *science*. Ne confondons pas ces mots, non plus que celui d'*erreur*, qu'on applique mal à propos à tout ce qui est faux.

Le vrai, le faux, tombent sur les faits, le réel sur les existences. La science et la vérité n'ont pour objet que les essences. Les ignorer ou les connaître est lumière ou obscurité. Les méconnaître est ténèbres, erreur, faux savoir, et le pire des malheurs et des égaremens de l'esprit.

Peu d'hommes, dans les grands drames politiques, sont propres à inventer un rôle; beaucoup le sont à le jouer.

« Qui n'a pas l'esprit de son âge,
« De son âge a tout le malheur, »

dit Voltaire; et non seulement il faut avoir l'esprit de son âge, mais aussi l'esprit de sa fortune et de sa santé.

Il serait difficile de vivre méprisé et d'être vertueux. Nous avons besoin de support.

Ce qui est ingénieux est bien près d'être vrai.

Tous les esprits ardens ont quelque chose d'un peu fou, et tous les esprits froids quelque chose d'un peu stupide.

Il y a des vérités qui instruisent peut-être, mais qui n'éclairent point; et de ce genre sont toutes les vérités de raisonnement. Les théories ont causé plus d'expériences que les expériences n'ont causé de théories : on voit par-là de quelle utilité est au progrès des arts ce qui est purement rationnel dans chaque science.

La gaieté dissipe toutes les pensées, elle s'en joue; elle ne permet à l'esprit de s'arrêter ni à l'erreur ni à la vérité.

Celle qui, lasse de parfums, disait : « Je voudrais sentir du fumier », montre ce que peut la satiété.

La nature a bien sa musique; mais elle est rare, heureusement. Si la réalité offrait les mélodies que ces messieurs trouvent partout, on vivrait dans une langueur extatique, on mourrait d'assoupissement.

Il faut qu'il y ait de vieilles désinences dans les mots qui expriment les lois, et quelque chose qui réponde aux *untor* et *unto* latins.

Patrie. — Ce mot, chez les anciens, voulait dire : *la paternelle*, et il avait pour eux un son qui allait au cœur. Il n'a pour nous qu'un son muet, qu'un sens obscur; la patrie est pour nous une chose morale : champs paternels, terre natale y correspondent; mais ce sont deux mots pour un. Le mot *pays* n'a que la moitié de sa signification; ainsi le mot *patrie* ne peut pas exciter en nous les mêmes affections qu'il excitait dans l'âme des anciens; il ne va point droit au cœur comme le mot *patria*, ou terre paternelle : c'est un mot qui, n'étant lié à aucun autre mot connu, ne s'entend que par réflexion. Dans nos idiomes actuels, cet adjectif, devenu substantif, dénomme une chose morale, et par conséquent il est froid.

Si les sensations sont la règle des jugemens, un coup de vent, un nuage, une vapeur changent la règle.

Donner aux vices de la mobilité les empêche d'être constans, ou pour le moins de s'approuver.

Il est une admiration qui est fille du savoir.

Il ne faut s'occuper des maux et des malheurs du monde que pour les soulager ; se borner à les contempler et à les déplorer, c'est les aigrir en pure perte.

Quiconque les couve des yeux en fait éclore des tempêtes.

On n'est guère malheureux que par réflexion.

Il faut parer aux yeux des hommes les victimes qui s'offrent à Dieu.

Il faut aimer assez les hommes pour être ambitieux d'en être aimé.

Il faut avoir de la déférence pour l'âge, le mérite et la dignité ; elle est une partie du devoir.

Il faut en avoir pour les égaux, les étrangers, les inconnus ; elle est une partie de la politesse ou de la vraie civilité.

La familiarité plaît même sans bonté : avec la bonté, elle enchante.

Le vrai bourgeois est, par caractère, possesseur paisible et *paresseux* de ce qu'il a. Il est toujours content de lui, et facilement content des autres.

Biens et crédit. — Notre crédit est aussi un de nos biens, et nous devons en assister les malheureux.

Il faut chercher dans l'histoire des hommes ce qui est vrai et ce qui ne l'est pas.

Dans la politique, ce qui est bon et ce qui l'est pas.

Dans la morale, ce qui est juste et ce qui ne l'est pas.

Dans la littérature, ce qui est beau et ce qui ne ne l'est pas.

Dans les matières religieuses, ce qui est pieux et ce qui ne l'est pas.

En toutes choses, ce qui rend meilleur ou ce qui rend pire.

Il s'agit dans l'histoire d'apprécier les hommes.

En politique, de pourvoir à tous les besoins de l'âme et du corps.

En morale, de se perfectionner.

En littérature, de réjouir et d'embellir son

esprit par les clartés, les figures et les couleurs de la parole.

En religion, d'aimer le ciel.

En toutes choses, de connaître et d'améliorer toutes choses en soi.

Platon parlait à un peuple extrêmement ingénieux, et devait parler comme il le fit.

Il est des êtres qui ne savent pas se figurer le bien, ou se le figurer longtemps.

C'est pourquoi ils le méconnaissent, l'oublient, ou ne peuvent l'espérer.

Tout homme doit être auteur, sinon de bons ouvrages, au moins de bonnes œuvres.

La beauté est la plus douce des tyrannies.

Le pathétique outré est pour les hommes une source funeste d'endurcissement : les tableaux trop énergiques de l'humanité souffrante rendent les cœurs inhumains, et la haine du mal même, quand elle est trop forte, peut rendre les hommes méchans.

Ainsi de la haine du mal qu'inspiraient les

livres du dernier siècle, en n'offrant à notre attention que les malheurs attachés à quelque abus, vinrent cette monstruosité d'événemens dont nous avons été témoins, et les plus grandes inhumanités qui aient souillé l'histoire des hommes. La pitié fut tournée en rage; on massacra Louis XVI, sa sœur et tout ce que la France avait de plus vertueux; pourquoi? pour un féroce amour pour les nègres de l'Amérique, et pour une féroce horreur de la Saint-Barthélemy; un excès amène l'autre. A cette opinion : tout accusé est innocent, succéda bientôt celle-ci : tout accusateur est vertueux.

Comme il y a des hommes qui ont plus de mémoire que de jugement, il y en a qui ont, en quelque sorte, plus de pensées que d'esprit, aussi ne peuvent-ils ni les atteler ni les mener; d'autres n'ont pas assez de pensées pour leur esprit, qui dépérit d'ennui s'il n'est pas égayé par des bagatelles.

D'autres, enfin, ont trop de pensées pour leur âge et pour leur santé, et elles les tourmentent.

Les odeurs sont comme les âmes des fleurs,

elles peuvent être sensibles dans le pays même des ombres.

C'est un ambitieux, ce qui n'est pas un mal ; mais il en a le caractère, ce qui n'est pas un bien.

On veut la justice en avant, on ne la veut pas en arrière.

Ce qui peut en consoler et porter à s'y résigner, c'est le souvenir et la considération d'une vérité triste, qu'il faut rarement rappeler, mais qu'il faut savoir ; la voici :

En tous lieux et dans tous les temps, tout établissement politique a commencé par quelque injustice, et toutes les bonnes lois, chez tous les peuples, ont commencé par consolider ce qui existait.

On pense avec précipitation, et on s'exprime avec soin, avec étude, avec effort ; c'est un défaut du siècle.

La peur, le danger et la douleur troublent la raison. Presque tous les hommes aiment mieux le danger que la peur ; quelques uns même aiment mieux la mort que le danger. Le cheval se jette dans le précipice pour échapper à l'éperon.

On peut, à force de confiance, mettre quelqu'un dans l'impossibilité de nous tromper.

On a dit que la chasteté était la mère des vertus.

En effet, elle enchaîne la plus chère et la plus impérieuse de nos passions. L'âme qu'elle habite a, par elle, un caractère de force et d'énergie qui lui fait surmonter facilement les obstacles qui l'arrêtent dans le chemin de la vertu. Quand la chasteté est perdue, l'âme est molle et lâche : elle n'a plus que les vertus qui ne lui coûtent rien.

L'accent et le caractère national ont un rapport naturel.

La manière de s'exprimer diffère selon le caractère ; il en est de même de la manière de prononcer.

La parfaite innocence, c'est la parfaite ignorance : elle n'est ni prudente ni méfiante ;

on ne peut faire aucun fonds sur elle ; c'est une aimable qualité qu'on aime plus, et qu'on révère presque autant que la vertu.

La sagesse est le repos dans la lumière.
Heureux sont les esprits assez élevés pour se jouer dans ses rayons.

Recevoir les bienfaits de quelqu'un est une manière plus sûre de se l'attacher que de l'obliger lui-même.
La vue d'un bienfaiteur importune souvent; celle d'un homme à qui on a fait du bien est toujours agréable : nous aimons notre ouvrage en lui.

Vouloir se passer de tous les hommes et n'être l'obligé de personne, signe certain d'une âme sans sensibilité.

Les quadrupèdes ont plus d'esprit que les volatiles; ils ont un sens de plus dans le toucher, ou du moins les sens se développent plus en eux.

Il serait utile de rechercher si les formes

que donne à son nid un oiseau qui n'a jamais vu de nid n'ont pas quelque analogie avec sa constitution intérieure.

L'instinct, dans tous les cas, n'est-il pas les effets des impressions nécessaires que produisent certaines sensations ? n'est-il pas un pur mécanisme ?

La rapidité même avec laquelle nous agissons par ce qu'on nomme instinct, ne nous permet pas de nous observer dans ce moment; c'est peut-être pour cela que plus un animal est pourvu d'instinct, moins il est pourvu de raison.

Braver toujours les bienséances est d'une âme abjecte ou corrompue; en être esclave dans toutes les occasions est d'une âme petite.

Le devoir et les bienséances ne sont pas toujours d'accord.

Les reptiles doivent être les plus prudens des animaux; leurs notions doivent être presque toujours claires et vraies; ils doivent avoir beaucoup d'ignorance et peu d'erreurs.

Le goût des Chinois est cérémonieux et bizarre comme eux; comment un peuple qui connaît aussi peu le beau poétique pourrait-il connaître le beau moral?

Les poissons doivent être comme les oiseaux de proie, fins et bornés.

Quand on vous dira qu'un peuple est savant, examinez toujours à quel point il connaît le beau dans les arts.

L'architecture doit peindre les hommes en peignant les lieux; il faut qu'un édifice annonce aux yeux celui qui l'habite. Les pierres, le marbre, le verre doivent parler, et dire ce qu'ils nous cachent.

Dans l'Orient, où les hommes sont plus nombreux, on les traite comme on traite partout les productions viles et abondantes; on les consomme sans nécessité.

Il n'y a de belle unité humaine que celle qui se forme des accords de la multitude.

Ils analysèrent la lumière, disent-ils; c'est-à-dire ils découvrirent un moyen de la priver de sa beauté. Cette analyse prétendue de la lumière n'est au fond qu'une analyse des couleurs; à un phénomène l'instrument en substitue un autre; il opère sur l'organe une altération qui vous fait croire que l'objet est mieux connu. Mais qui vous dit que ce qu'il montre est plus réel que ce qui se voit à l'œil nu ; que l'œil double voit mieux que l'œil simple ? En produisant une illusion différente, vous jugez que cet instrument vous fait faire une découverte. Mais,..... au reste les illusions sont les vérités de la vue, et celles qui sont universelles et constantes sont les bonnes et les meilleures.

Il existe une différence entre *la découverte* et *la trouvaille* : on découvre ce qu'on cherche, on trouve ce qu'on ne cherchait pas.

Chercher la vérité, dit-on; oui, s'il ne s'agit que de savoir; mais s'il s'agit de vivre, alors la sagesse vaut mieux.

Ceux qui en toutes choses ont des opinions qui ne peuvent ni croître ni diminuer, et sur lesquelles personne ne peut opérer aucun changement, sont peu propres à la société.

Les Anglais sont élevés dans le respect des choses sérieuses, et les Français dans l'habitude de s'en moquer.

La comédie ne corrige que les travers et les manières, et souvent aux dépens des mœurs. Voyez *le Tartufe* et *la Petite Ville.*

Il y a des obligations que rien ne semble nous prescrire, et qu'il faut cependant s'imposer à soi-même.

Le ciel punit souvent les fautes des gens de bien dans leur mémoire, qui est livrée à la calomnie.

On doit refuser la science à ceux qui n'ont pas de vertu.

Nous respectons malgré nous ceux que nous voyons respectés.

Naturellement l'esprit s'abstient de juger ce

qu'il ne connaît pas : c'est la vanité qui le force à prononcer quand il voudrait se taire.

Il faut opposer aux idées libérales du siècle les idées morales de tous les temps.

Le pouvoir et la dignité sont deux choses fort différentes.
On flatte le pouvoir; on honore la dignité.

Il y a des corps si délicats, que tout en eux va jusqu'à l'âme, même ce qu'il y a de plus matériel.

Il y a beaucoup de choses qui peuvent rendre un homme heureux pendant une heure, pendant un jour.

Dans le luxe de nos écrits et de notre vie, ayons du moins l'amour et le regret de cette simplicité que nous n'avons plus, et que peut-être nous ne pouvons plus avoir.

Donnez aux esprits froids, aux esprits lourds, des doctrines subtiles et délicates, et vous verrez l'étrange abus qu'ils en feront.

Jetez quelques vives lumières dans un esprit naturellement ténébreux, et vous verrez à quel point il les obscurcira.

De certaines idées, dans de certaines têtes, sont comme des chandelles allumées qui ne servent qu'à montrer l'épaisseur et l'obscurité de la lanterne qui les contient.

Saint Martin avait la tête dans le ciel, mais dans un ciel nébuleux et noir, où les éclairs qui s'en échappaient ne laissaient voir que des nuées.

On fait un horrible mélange quand on fait entrer de certaines idées dans de certains cerveaux; on rend seulement leur obscurité plus palpable, on y fait succéder le chaos à la nuit.

Entre éclairé et illuminé, la différence est celle-ci : on peut être éclairé par sa propre lumière, mais on n'est illuminé que par un jour qui vient d'ailleurs.

Sans le devoir, la vie est molle et désossée; elle ne peut plus se tenir.

Sans doute c'est la philosophie qui a causé

la révolution ; mais qu'est-ce qui a causé la philosophie? c'est l'arrogance théologique.

La chose vraie n'est pas la vérité, et la chose qui n'est pas vraie n'est point l'erreur : comme une bonne action n'est pas la vertu, et un tort n'est pas le vice.

Il est des entretiens où l'âme ni le corps n'ont aucune part.

J'appelle ainsi ces conversations où personne ne parle du fond du cœur ni du fond de son humeur; où il n'y a ni abandon, ni gaieté, ni épanchement, ni jeu ; où l'on ne trouve ni mouvement, ni repos, ni distraction, ni soulagement, ni recueillement, ni dissipation; enfin où l'on n'a rien donné ni rien reçu : ce qui n'est pas un vrai commerce.

La barbarie est dans les mœurs, mais jamais dans les esprits. — Excepté les temps où l'on méprise l'antiquité.

Le laid est devenu à la mode.

Dans la lumière il y a deux points : le point

qui éclaire et le point qui égare ; il faut s'en tenir au premier.

L'eau qui tombe du ciel est plus féconde.

La beauté est quelque chose d'animal ; le beau est quelque chose de céleste.

L'homme et les dieux sont cent fois plus beaux le corps vêtu.

L'homme n'habite, à proprement parler, que sa tête et son cœur. Tous les lieux qui ne sont pas là ont beau être devant ses yeux, à ses côtés et sous ses pieds, il n'y est point.

On n'aime plus que l'esprit colossal.

La résignation a quelque chose de sublime ; le courage est seulement fort.

Les esprits sont semblables aux champs : dans quelques uns, ce qui vaut le mieux, c'est la superficie ; dans quelques autres, c'est le fond à une grande profondeur.

Il y a des mœurs et des coutumes attachées à la nature humaine, et qui se trouveront toujours partout.

N° IX et dernier.

M. JOUBERT, LUI-MÊME.

J'ai donné mes fleurs et mon fruit : je ne suis plus qu'un tronc retentissant ; mais quiconque s'assied à mon ombre et m'entend devient plus sage.

Je ne puis faire bien qu'avec lenteur et avec une extrême fatigue. Derrière ma faiblesse il y a de la force ; la faiblesse est dans l'instrument.

Derrière la force de beaucoup de gens, il y a de la faiblesse. Cette faiblesse est dans le cœur, dans la raison ; dans le trop peu de franche bonne volonté.

Le ciel n'avait donné de la force à mon esprit que pour un temps, et le temps est passé.

Pourquoi me fatigué-je tant à parler ? c'est que, lorsque je parle, une partie de mes fibres se met en exercice, tandis que l'autre demeure dans l'affaissement ; celle qui agit supporte seule la peine et le poids de l'action, dont elle est bientôt accablée ; comme il y a en même temps distribution inégale de forces, il y a dans toutes mes parties inégale distribution d'activité. De là, fatigue totale lorsque ce qui était fort est fatigué ; car alors la faiblesse est partout.

Par ce genre d'existence avec des sens qui sont éteints et des forces qui diminuent, on tient plus à la vie à venir qu'à la vie présente, et on est malheureux, si, ne pouvant plus vivre de celle-ci, on ne veut pas non plus vivre de l'autre. On cherche à retenir des biens qui fuient, avec des mains impuissantes à les saisir, et on s'éloigne ; on se détourne des biens qui viennent et se donnent pour ainsi dire eux-mêmes à nous, tant ils conviennent et sont parfaitement assortis à notre faiblesse, et exigent peu de force et de vie pour être goûtés.

Je ressemble en beaucoup de choses au papillon : comme lui j'aime la lumière ; comme lui j'y brûle ma vie ; comme lui j'ai besoin, pour déployer mes ailes, que dans la société il fasse beau autour de moi, et que mon esprit s'y sente environné et comme pénétré d'une douce température, celle de l'indulgence ; j'ai besoin que les regards de la *faveur* luisent sur moi.

De certaines parties naissent naturellement trop finies en moi, pour que je puisse me dispenser de finir de même tout ce qui doit les accompagner.

Le ciel n'a mis dans mon intelligence que des rayons, et ne m'a donné pour éloquence que de beaux mots. Je n'ai de force que pour m'élever, et pour vertu qu'une certaine incorruptibilité.

J'ai encore des devoirs à remplir dans la société, mais je n'y ai plus de charge, de fonction.

O mon Dieu, vous avez eu besoin de l'âme d'un enfant, vous avez appelé le mien, et maintenant il est dans votre sein, intimement uni à vous : que votre saint nom soit béni !

Quand je dis que votre saint nom soit béni, c'est pour le bonheur des mortels, car les siècles où vous êtes peu adoré ne sont point des siècles heureux.

Dardenne est mort ! quelle mort et quelle perte ! que d'erreurs il eût détruites, que de vérités il eût enseignées ! Je mourrai peut-être à son âge, hélas ! et l'expérience de deux hommes de bien sera perdue pour leurs semblables.

Mes découvertes (et chacun a les siennes) m'ont ramené aux préjugés.

Quand je ramasse des coquillages et que je trouve des perles dedans, j'extrais les perles et je jette les coquillages.

Le chemin de la vérité, j'y ai fait un long détour ; aussi le pays où vous vous égarez m'est bien connu.

J'ai souvent touché du bout des lèvres la

coupe où était l'abondance; c'est une eau qui m'a toujours fui.

Mme Victorine de Châtenay disait de moi :
« Que j'avais l'air d'une âme qui a rencontré
« par hasard un corps, et qui s'en tire comme
« elle peut. »
Je ne puis disconvenir que ce mot ne soit juste.

J'ai trop de cervelle pour ma tête; elle ne peut pas jouer à l'aise dans son étui.

Mon âme habite un lieu par où les passions ont passé, et je les ai toutes connues.

Comme Dédale, je me forge des ailes. Je les compose peu à peu, en y attachant une plume chaque jour.

Je n'aime la philosophie, et surtout la métaphysique, ni quadrupède ni bipède; je la veux ailée et chantante.

J'ai de la peine à quitter Paris, parce qu'il faut me séparer de mes amis; et de la peine à quitter la campagne, parce qu'alors il faut me séparer de moi.

J'ai voulu me passer des mots, je les ai dédaignés : les mots se vengent par la difficulté.

Mon nid sera d'oiseau ; car mes pensées et mes paroles ont des ailes.

Il faut passer toutes ses pensées par son cœur, et moi tous mes sentimens par ma tête.

Vous ne connaissez pas les hommes ? Non ; mais je connais la nature humaine, parce que je suis fort naturel, autant du moins que le permet beaucoup de lecture.

J'avais besoin de l'âge pour apprendre ce que je voulais savoir, et j'aurais besoin de la jeunesse pour bien dire ce que je sais.

On peut avoir du *tact* de bonne heure et du goût fort tard ; c'est ce qui m'est arrivé.

J'ai la tête fort aimante et le cœur têtu.
Tout ce que j'admire m'est cher, et tout ce

qui m'est cher ne peut me devenir entièrement indifférent.

Les biens et les maux de mon corps ne lui viennent plus que de mon esprit.

Dans mes habitations je veux qu'il se mêle toujours beaucoup de ciel et peu de terre.

Je ressemble à un peuplier ; cet arbre a toujours l'air d'être jeune, même quand il est vieux.

J'imite la colombe ; souvent je jette un brin d'herbe à la fourmi qui se noie.

Le temps que je perdais autrefois dans les plaisirs, je le perds aujourd'hui dans les souffrances.

Je vais où l'on me désire, pour le moins aussi volontiers qu'où je me plais.

A Mme de Beaumont. Aimez et respectez la vie, sinon pour elle, au moins pour vos amis. En quelque état que soit la vôtre, j'aimerai

Je suis, je l'avouerai, comme une harpe éolienne, qui rend quelques beaux sons, mais qui n'exécute aucun air.

Philanthropie et repentir, est ma devise.

Le ver à soie file ses coques, et je file les miennes, mais on ne les dévidera pas. Comme il plaira à Dieu!

FIN.

toujours mieux vous savoir occupée à la filer qu'à la diviser (ou à la découdre).

Je crois, philosophiquement parlant (c'est-à-dire abstraction faite de toute autorité, et en préférant l'expérience qu'on a à l'expérience qu'on n'a pas), que la religion est encore plus nécessaire à cette vie qu'à l'autre.

J'aime peu la prudence, si elle n'est morale.

J'ai l'esprit et le caractère frileux; la température de l'indulgence la plus douce m'est nécessaire.

Quand je luis..... je me consomme.

Je suis propre à semer, mais non pas à bâtir et à fonder.

S'il est quelqu'un tourmenté par la maudite ambition de mettre toujours tout un livre dans une page, toute une page dans une phrase, et cette phrase dans un mot, c'est moi.

www.ingramcontent.com/pod-product-compliance
Lightning Source LLC
Chambersburg PA
CBHW050437170426
43201CB00008B/705